Schneider & Schneider

Schorsch: Siloballen und Gülle mit Fülle

Gewickelter Sepp und Leichenversteck im Rinderdreck

Überblick über Schorsch-Bände

Band I:
Schorsch: Zufallstote rechts der Isar
Zum Auftakt Weiberleichen und Auf- und Ableben in Dietramszell

Band II:
Schorsch: Mord und Moral im Silomixer
Liebesleben auf der Peretshofener Höhe und Auf- und Ableben im Laufstall

Band III:
Schorsch: Tote im Land der Zitronen
Italienische „Abstecher" und Maddalena in Macerata

Band IV:
Schorsch: Siloballen und Gülle mit Fülle
Gewickelter Sepp und Leichenversteck im Rinderdreck

Band V (erscheint demnächst):
Schorsch: Leichenfund am Güllegrund
Tote Findlinge zwischen Dietramszell und Martinszell

Schorsch im Internet:

www.schorsch-mord.de

Schneider & Schneider

Schorsch: Siloballen und Gülle mit Fülle

Gewickelter Sepp und Leichenversteck im Rinderdreck

Band IV

Bibliografische Information der Deutschen Nationalbibliothek
Die Deutsche Nationalbibliothek verzeichnet diese Publikation in der Deutschen Nationalbibliografie; detaillierte bibliografische Daten sind im Internet über http://dnb.d-nb.de abrufbar.

© 2014 Schneider & Schneider, Kempten

Alle Rechte liegen bei den Autoren.

Herstellung und Verlag: BoD - Books on Demand, Norderstedt
ISBN 9783734739354

Inhaltsverzeichnis:

Aufregende Post für Schorsch und trübe Aussichten
zwischen Maxima und Maximiliane .... S. 7

Waffelbrüche auf Wohnungsinspektion und Trabant
mit stinkenden Pfoten und Sohlen .... S. 13

Agnes zwischen Rindshofer und Brausemann
und Schorsch zwischen Waffelbrüchen .... S. 27

Schorsch beim Spionieren, Rindshofer beim Fensterln
und Gülle mit Fülle .... S. 37

Rindshofers zweiter Versuch, Maximas Flucht und
Trabants Ralley im Radkasten .... S. 47

Rundballenpresse und Blinklicht zwischen Leonhardikirche
und Martinszell .... S. 55

Mülltonne mit Trabant, Karl-Ferdinand mit Herzrasen
und das rote Türkis in der Arzttasche .... S. 65

Drei Tote in weniger als zwölf Stunden, 20 Siloballen in
weniger als 90 Minuten und ein Vollrausch mit
weniger als zwei Flaschen Bier .... S. 79

Schorsch, Hansi und Rindshofer zwischen Siloballen,
Arbeiterhäusl und Jakobs Auferstehung .... S. 93

Auflauf vor Schorschs Haus, Viehlechners Ankündigungen
und Schorschs Ohnmacht .... S. 103

Makrokosmos von Schorsch

Mikrokosmos von Schorsch (Band IV):

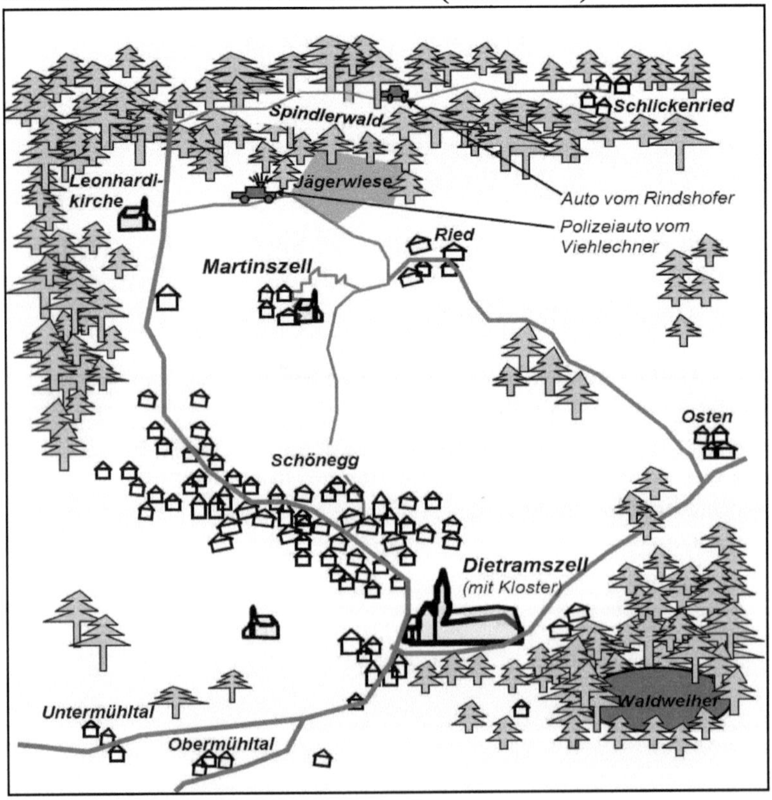

Aufregende Post für Schorsch und trübe Aussichten zwischen Maxima und Maximiliane

Je länger Schorsch seine Gedanken in die vor ihm liegende Post vergrub, desto mehr erblasste er. Die in Italien gebräunte Gesichtshaut wich immer mehr einem fahlen Weiß. Während Schorsch auf seinem Stammplatz, der alten Eckbank in seiner Küche, Platz genommen hatte und zusehends kleiner wurde, saß ihm Agnes auf ihrem Stuhl unruhig gegenüber. Sie streichelte gerade Maxima. Der Hauskatze hatte Schorsch nach dem Tod von Heidrun nicht nur einige Haarbüschel ausgerissen. Sondern Schorsch hatte das »Sauviech«, wie er Maxima in der Regel nannte, seit Heidruns Tod auch ziemlich vernachlässigt. Nachdem Agnes die Post auf Schorschs Küchentisch abgelegt hatte, verkrümelte sich Maxima daher sofort in deren Arme. Agnes nahm die Katze gerne auf und verabreichte dem arg verwahrlosten Haustier sogleich einige Streicheleinheiten. Sie wusste nämlich aus lauter Verlegenheit nicht, womit sie ihre Arme und Hände sonst hätte beschäftigen sollen. Denn Agnes spürte, dass die Post, die während Schorschs fast zweiwöchigem Italienabstecher angefallen war, nichts Gutes verhieß. Zwischen den vielen Werbeprospekten hatten sich in Schorschs Briefkasten zwar nur dieser eine Brief und diese eine Postkarte verirrt. Aber die hatten es in sich.

Die ungesunde Gesichtsfärbung ihres Schwagers hatte Agnes allerdings noch nicht registrieren können. Denn ihr Blick wechselte weiterhin zwischen Brief und Karte hin und her. Die Postsachen waren inzwischen aus den feuchten und zitternden Händen des apathisch wirkenden Schorsch geglitten und flatterten nun auf den braunen Küchentisch. Eisige Kälte durchzuckte Schorschs Körper. Das war angesichts der unheilvollen Botschaften, die der amtliche Brief vom Nachlassgericht in Wolfratshausen und die schlichte Postkarte aus Mecklenburg-Vorpommern enthielten, nicht überraschend. Neben seiner gereizten Stimmung dürfte auch der Temperaturunterschied zu Schorschs Frösteln beigetragen haben. Der malerische italienische Badeort Gabicce Mare, der ihm von seinem Freund Adolf empfohlen wurde, hatte ihn immerhin noch mit sommerlichen 28 Grad verabschiedet. Im Gegensatz dazu hatte ein rauher Herbstwind das oberbayerische Martinszell seit einigen Tagen fest im Griff. Er empfing den Italienurlauber bei seiner Rückkehr am heutigen Spätnachmittag lediglich mit 18 Grad – gefühlt sogar nur mit zehn Grad.

Nicht nur dieser Temperaturabfall war als Vorbote des unglücklichen Schicksals für die Vermögensentwicklung von Schorsch zu deuten. Auch die alte Eckbank, auf der Schorsch nun in seiner Küche hockte, wollte anscheinend ihren Beitrag zur tragischen Stimmung im Kiesburgerhaus leisten. Unter der schweren Last von Schorschs Körpergewicht schien sie ein Trauerlied für den bisherigen Eigentümer des Siedlungshauses in Martinszell zu knarzen.

Seine verstorbene Heidrun hatte ihm also über so viele Ehejahre hinweg etwas vorgespielt und ihm ihre un- und voreheliche Tochter verheimlicht. Die Tochter musste aus dem frühen und vor dem Mauerfall ausgekosteten Liebesleben von Heidrun stammen. Und jetzt forderte dieses Weibsbild, Lydia-Maximiliane Waffelbruch aus Mecklenburg-Vorpommern, ihren Erbschaftsanteil, der ihr testamentarisch von Heidrun zugestanden wurde. Der amtliche Brief des Nachlassgerichts am Wolfratshauser Amtsgericht war völlig unmissverständlich. Außerdem mutmaßte Schorsch nun, wieso Heidrun die Katze ausgerechnet Maxima nannte. Zwar hatte er die Namensgebung immer so gedeutet, dass seine verstorbene Frau eine offenkundige Vorliebe für Königshäuser hatte. Nach der Hochzeit des niederländischen Kronprinzen Willem-Alexander mit der aus Argentinien stammenden Maxima Zorreguieta in Verbindung mit den dazugehörigen Bildern im Fernsehen und in den einschlägigen Fachblättern bestand Heidrun auf eine Hauskatze namens Maxima. Dies musste bei Heidrun offensichtlich derart emotionale Erinnerungen und so starke Sehnsüchte ausgelöst haben, dass sie diese mit der Hauskatze befriedigen wollte – die Katze Maxima, das »Sauviech«, als Ersatzobjekt für die uneheliche Tochter. Klar war Schorsch jetzt auch, wieso Heidrun die Katze häufig nicht mit »Maxima«, sondern mit »Maximiliane« gerufen hatte. Wenn er Heidrun darauf ansprach, dann hieß es nur »ach, das war nur ein kleiner Versprecher, nicht der Rede wert«, und Schorsch hatte sich damit zufriedengegeben. In Wirklichkeit schien dagegen »Maxima« für Heidrun ein Tarnname für »Maximiliane« gewesen zu sein.

»Die Saukatz', die dreckige! Im Waldweiher ertränken könnt' ich dieses Mistviech!«, schrie Schorsch plötzlich laut auf, erinnerte sich kurz an seinen damaligen Hieb gegen Heidruns Kehlkopf und schlug dann mit seiner geballten Faust auf den Tisch. Agnes zuckte hoch und ließ Maxima sofort fallen. Die Katze schlich sich schnell davon, weil sie sich noch an die Tortur erinnerte, bei der Schorsch ihr die Haarbüschel gerupft hatte, um damals Dr. Zollner bei der Begutachtung von Heidruns Leiche abzulenken.

Schorsch schnaubte. Denn zu allem Übel, das der gerichtliche Brief enthielt, gesellte sich auch noch die durch Regenwasser durchfeuchtete und deshalb etwas aufgeweichte Postkarte aus Schwerin. Ihr Inhalt war allerdings nicht weich, sondern hart, sehr hart – und zwar vor allem für den sowieso schon arg gebeutelten Schorsch. Deshalb hatte sich Agnes vor einigen Tagen auch nicht getraut, Schorsch daraus vorzulesen, als er sie aus dem Land der Zitronen telefonisch nach dem neuesten Stand in Martinszell befragen wollte. Nur ausschnitthaft und sehr nebulös hatte sie ihm den Inhalt geschildert, der nun Schorschs Hautfarbe so schnell wechseln und seinen Körper erschaudern ließ. Wenn Schorsch in seiner Aufregung über den Brief des Nachlassgerichts und die Dreistigkeit seiner verstorbenen Ehefrau die ziemlich verwaschenen Wörter auf der Postkarte richtig gelesen hatte, dann kündigte sich das Unheil in Form von Lydia-Maximiliane samt Ehemann und Schwiegervater bereits für morgen an:
»... sind wir zufällig in Dietramszell. Deshalb werden wir Dir dann gleich am nächsten Dienstagvormittag, lieber Georg, einen Besuch abstatten ...«, stand da in ausgewaschenen Buchstaben.
»Zufällig, schreiben die. Da kann ich doch nur lachen. Eiskalte Berechnung is' das!«, schrie Schorsch vor sich hin und wurde noch blasser als zuvor. Denn dieser »nächste Dienstag« war bereits morgen.

Agnes fasste ihren ganzen Mut zusammen und fragte, um Schorsch abzulenken und aus seinen trüben Gedankengängen zu befreien:
»Lydia-Maximiliane is' aber doch eigentlich schon ein schöner Name für so ein Ossimädel, gell Schorsch? Lydia-Maximiliane klingt doch völlig harmlos. Oder Schorsch?«

Agnes konnte Schorsch mit diesem plumpen Hinweis jedoch nicht von seiner miesen Stimmung befreien. Ob es sich um einen schönen, hässlichen oder harmlosen Namen handelte, kümmerte ihn jetzt überhaupt nicht. Er dachte wehmütig an sein Vermögen. Unter dem Zugriff dieser Lydia-Maximiliane und deren Verwandtschaft würde es zwangsläufig dahinschwinden. Weil Schorsch weiterhin stumm und blass blieb, war Agnes klar, dass sie bislang keinen Aufhänger gefunden hatte, um ihren Schwager aus dem Stimmungsloch zu holen. Deshalb versuchte sie es anders, aber kaum geistreicher:
»Waffelbruch? Waffelbruch? Wie die da oben in Mecklenburg-Vorpommern so heißen. Lustiger Name, gell Schorsch? Waffelbruch haben wir früher als Kinder immer g'fressen, weil er billig war. Heute verfüttern wir den Waffelbruch an unsere Hühner oder an die Säu. Der Haschner verfüttert den Waffelbruch übrigens zentnerweise an seine Bibergockel. Und die heißen Waffelbruch, stell Dir das vor, Schorsch. Die heißen Waffelbruch! Ha, ha, ha ...«, versuchte Agnes, die trübe Miene aus Schorschs Gesicht herauszulachen.
»Waffelbruch, Waffelbruch – Genickbruch bedeutet das für mich, verstehst Du! Waffelbruch bedeutet für mich Genickbruch!«, sprach Schorsch laut zu Agnes über den Tisch und brachte damit die Folgen, die er für sich erwartete, drastisch zum Ausdruck.
»Die machen sich jetzt bei uns breit, fordern ihren Anteil und zerstören damit mein Lebenswerk. Soll ich etwa das Haus teilen? Geld, um denen das Erbe auszuzahlen, hab' ich auch keines. Also geht das Haus drauf, muss verkauft werden; und ich kann in eine kleine Mietwohnung zieh'n. Ein richtiger Scheißdreck is' das!«, rief Schorsch nun noch etwas lauter über den Tisch und schlug mit der Faust seiner rechten Hand noch einmal auf den Tisch, dass Brief und Postkarte wieder flatterten und Agnes erneut erschrocken zusammenzuckte. Aber trotzdem setzte sie noch einmal an:
»Ach Schorsch, vielleicht kommt es gar nicht so schlimm. Vielleicht sind das ganz nette Leut', die Waffelbrüche. Vielleicht haben die genug eigenes Vermögen und sind auf das Erbe nicht angewiesen. Vielleicht will diese Lydia-Maximiliane nur ein paar Sachen als Andenken an die Heidrun: Vielleicht ein G'wand, vielleicht ein Bild. Vielleicht ein Halstuch. Vielleicht eine Kropfkette. Vielleicht ...«, wollte Agnes noch mehrere Gegenstände aufzählen, mit denen Schorsch

billig aus der beklemmenden Lage herausfinden und aufgeheitert werden könnte. Aber Schorsch unterbrach sie unsanft:
»Vielleicht, vielleicht, vielleicht ..., das hilft mir jetzt überhaupt nix! Ich rechne jedenfalls mit dem Schlimmsten! Außerdem hab' ich das Kropfbandl zusammen mit dem Halstücherl damals der Heidrun um den Hals geschnürt. Die Sachen gehör'n also nicht mehr zur Erbmasse, weil's mit meiner Frau unter der Erde liegen.«
»Was, die Sachen hast Du der Heidrun um den Hals gebunden? Wieso denn? Zumindest die Kropfkette war doch bestimmt sehr wertvoll, oder?«, fragte Agnes überrascht nach. Natürlich hatte Schorsch keine Lust, den Grund dafür zu nennen. Schließlich wollte er damals mit dem Tuch und der Kette die Einschlagstelle am Kehlkopf seiner Ehefrau vertuschen. Deshalb lieferte er eine andere Begründung:
»Für meine Heidrun war mir nix zu teuer, bis in den Tod und bis ins Grab. Das Wertvollste war grad gut genug für meine Heidrun«, heuchelte Schorsch und hoffte, dass Agnes jetzt endlich Kette und Halstuch nicht mehr thematisieren würde.
»Jetzt warten wir mal ab, wie die so sind. Und wenn's die wirklich nur auf ihren Erbanteil abgeseh'n hab'n, dann kannst Du ja immer noch schau'n, wie Du darauf reagierst. Und ich helf' Dir natürlich, Schorsch. So wie Du mir beim Mord ..., ach nein, ... beim Tod vom Jakob, dem Hurenbock, und der Staatsanwältin, der schwarzen Ringelnatter, geholfen hast. Also abwarten, Schorsch«, versuchte Agnes erneut, für Schorsch eine tröstende Perspektive zu entwickeln und ihm ihre Hilfe anzubieten. Dann verabschiedete sie sich von ihrem Schwager:
»Also Schorsch, ich geh' jetzt heim. Ich muss den Hansi ins Bett bringen. Es is' ja schon spät. Und Du gehst jetzt am besten auch in Dein Bett. Du hast schließlich eine lange Fahrt hinter Dir. Morgen, wenn die Waffelbrüche kommen, dann musst Du ausgeschlafen sein, damit Dich diese Mecklenburg-Vorpommerer nicht überrumpeln. Ich wünsch' Dir eine gute Nacht, Schorsch.«
Schorsch nickte seiner Schwägerin zum Abschied nur kurz zu. Und er war sich ganz sicher, dass es für ihn keine »gute Nacht« werden würde.

Er täuschte sich nicht. Statt in den von ihm seit seinem Italienurlaub so gern genossenen Liebestraum mit »seiner« feurigen Maddalena in der Hauptrolle zu verfallen, hatte Schorsch fast die ganze Nacht kein Auge zugetan. Wenn ihn die Müdigkeit für kurze Augenblicke übermannte, hatte er statt Liebesszenen mit Maddalena immer nur die gleiche traumatische Tortur vor Augen: Menschen mit nordostdeutschem Wasserkantendialekt liefen durch sein Grundstück in Martinszell. Sie schleppten allerlei Gegenstände aus seinem Siedlungshaus, plünderten seine Schwarzgeldschachtel im Küchenschrank und verlangten dann die Herausgabe der Haustürschlüssel. Das immer wieder einsetzende Traktat konnte Schorsch nicht länger ertragen. Daher war er nach der mehrfachen bedrückenden Szenenwiederholung aufgestanden und in seine Küche geschlurft. Schon gegen halb fünf Uhr in der Früh nahm er dann ein kurzes und karges Frühstück zu sich. Seitdem wartete er nun schon den ganzen Vormittag gespannt auf der Terrassenbank neben dem Hauseingang auf die Ankunft der Familie Waffelbruch.

»Abwarten« war Agnes' Empfehlung – vielleicht hatte seine Schwägerin Recht, dachte sich Schorsch reichlich übermüdet auf seiner Bank. Wieso im Vorhinein handeln und sich womöglich in unnötigen Aktionismus stürzen? Vielleicht kam es für ihn weniger schlimm als er sich das in seiner depressiven Stimmung ausmalte. So hoffte Schorsch und erwartete die aufgehende Sonne, während er auf seiner Hausbank langsam eindöste.

Waffelbrüche auf Wohnungsinspektion und Trabant mit stinkenden Pfoten und Sohlen

»Lydia-Maxima! Karl-Wendelin! Guckt, guckt! Das da hinten muss es doch sein!«, rief der alte Karl-Ferdinand Waffelbruch nach vorne. Schnell warf er sich noch eine seiner Kautabletten gegen sein immer wieder aufflammendes Herzrasen in den Mund und rief noch aufgeregter als zuvor:
»Da, guckt, guckt! Lydia-Maxima, Karl-Wendelin! Da, da, da!«
Jetzt richtete er sich auf dem Rücksitz des alten Wartburg auf und fingerte unablässig auf ein Siedlungshaus, vor dem ein etwas untersetzter Mann auf der Hausbank saß.
»Wo denn, Schwiegerpapa?«, fragte Lydia-Maximiliane ebenfalls sehr aufgeregt nach hinten und gleichzeitig an die Adresse ihres Ehemannes, Karl-Wendelin. Der saß mit dünnen Fahrerhandschuhen aus Leder hinter dem Lenkrad des Wartburgs und konzentrierte sich auf die Anweisungen seines Vaters, der auf der Rückbank des Wagens langsam unruhig wurde.
»Guck doch, da! Da, wo der seltsame Mann auf der Bank sitzt. Oder besser gesagt, schläft, ha, ha, ha. Der Schnarchzapfen könnte dieser Georch sein. Dieser Kiesburger Georch, mit dem Deine Mutter verheiratet war«, sprach Karl-Ferdinand Waffelbruch nach vorne zu seiner Schwiegertochter.
Mit einem dreifachen »Wau, Wau, Wau« schien auch Trabant, der sich mit dem alten Waffelbruch die Rückbank im Wartburg teilte, die Einschätzung seines Herrchens zu bestätigen und wackelte munter mit dem Schwanz.
»Still, Trabant! Wir wollen den alten Schnarcher nicht wecken, ha, ha, ha!«, befahl der alte Waffelbruch dem Rüden, der vermutlich einer seltenen Mischung aus deutschem Pinscher, deutschem Pudelpointer und einem Riesenschnauzer entsprang. Das braun-schwarze Fell mittlerer Länge hatte er vermutlich einem Pudelpointer zu verdanken. Der quadratische Körperbau, bei dem die Körperlänge etwa der Körperhöhe entspricht, war dagegen typisch für einen Pinscher. Wem er die breite Schnauze zu verdanken hatte, war klar: einem Riesenschnauzer.

Trabants zweites Herrchen, Karl-Wendelin Waffelbruch, trat langsam auf das Bremspedal, um den Wartburg vor Schorschs Gartentor zum Stehen zu bringen. Schon hüpften die Waffelbrüche samt Trabant aus dem Wartburg und spazierten wie selbstverständlich durch das Gartentor.

»Trabant, Trabant! Jetzt aber gassi, gassi. Am besten da hinten bei dem Baum«, wollte Karl-Ferdinand den Hund noch anweisen. Aber der hatte seine Notdurft bereits am rechten Bein der hölzernen Hausbank und damit direkt rechts unterhalb von Schorschs Sitzplatz verrichtet.

»Naja, macht nichts. Gehört sowieso bald uns«, kommentierte der alte Waffelbruch die territoriale Markierungsarbeit von Trabant.

»Schöner Garten. Oder was meinst Du, Papa?«, fragte Karl-Wendelin seinen Vater. Denn der musste es ja wissen. Schließlich handelte es sich bei dem alten Waffelbruch um einen ausgebildeten und mehrfach zertifizierten Immobiliengutachter. In seiner aktiven Zeit hatte er viel Erfahrung mit der Bewertung von Häusern und Wohnungen machen können. Nach der Wende war Waffelbruch sen. auch in den alten Bundesländern unterwegs, in Hessen, Bremen, Saarland, Niedersachsen und sogar in Bayern. Gegenüber Lydia-Maximiliane und seinem Sohn rechtfertigte er die immer schneller wechselnden Einsatzregionen mit dem Hinweis auf seine ausgewiesene Fachkenntnis, die überall im Land gefragt sei. Tatsächlich wurden die Ortswechsel zwangsläufig notwendig, weil er als Gutachter berüchtigt war und mit seinen seltsamen Gutachten meist Erstaunen und Kopfschütteln erntete. »Waffelbruch – nicht Gut-, sondern Schlechtachter« hänselten ihn seine Kollegen deshalb. So graste er ein Bundesland nach dem anderen ab, bis er überall bekannt war. Weil ihm letztlich nur noch Auslandseinsätze geblieben wären, zog er es vor, in Vorruhestand zu gehen und verwies als Rechtfertigung stets auf sein Herzflimmern. Nervös genug war er ja, weshalb man ihm seine Argumentation gerne abnahm.

»Ja, das Haus und der Garten sind nicht so schlecht, wie ich es befürchtet habe. Ich schätze das Grundstück auf 570 bis 600 Quadratmeter. Und die Bruttogrundfläche des Gebäudes vielleicht 130 Quadratmeter. Garage mit Schuppen knapp 40 Quadratmeter. Nach der

Ausführung und den Baumaterialien zu schließen: Haupttrakt gebaut in den 60er Jahren, etwas erweitert und ausgebaut in den 70er und 80er Jahren. Aber etwas abgewohnt,« gab der alte Waffelbruch eine erste sachverständige Einschätzung ab.

»Wie hoch ist denn der Bodenrichtwert, Papa?«, fragte Karl-Wendelin seinen Vater weiter.

»Der Gutachterausschuss weist für die Gemeinde Dietramszell einen Wert von rund 270 Euro pro Quadratmeter aus. Hier in Martinszell also vielleicht zehn Prozent weniger. Ich gehe also von 240 Euro aus«, klärte der Vater seinen Sohn auf.

»Und, hast Du im Kopf schon bis zum Verkehrswert durchgerechnet, Papa?«, fragte Karl-Wendelin voller Vorfreude.

»Klar, Junge. Schätzungsweise 300.000 Euronen. Also ein schönes Sümmchen Erbanteil für uns beziehungsweise natürlich für Dich, meine liebe Lydia-Maxima«, wandte sich der alte Waffelbruch an seine Schwiegertochter.

»Ihr immer mit Euren Rechnungen und Zahlen«, entgegnete Lydia-Maximiliane ablehnend. Sie schien sich nämlich für den schlafenden und laut schnarchenden Schorsch mehr zu interessieren als für den Verkehrswert, den die zwei Männer eruiert hatten. Ganz nahe trat sie an Schorsch heran und wollte sich schon neben ihn auf die Hausbank setzen. Aber plötzlich vernahm sie einen etwas beißenden Geruch. Den sonderte entweder der schnarchende Mann ab oder stammte von dem kleinen braunen Häufchen, das Trabant am Fuße der Gartenbank aufgerichtet hatte. Abgehalten durch die unangenehme Duftwolke hielt Lydia-Maximiliane etwas Abstand und betrachtete den Ehemann ihrer verstorbenen Mutter aus sicherer Entfernung. Sie wunderte sich und grübelte etwas pikiert darüber nach, warum ihre Mutter diesen reichlich ungepflegten und untersetzten Mann geheiratet hatte.

Inzwischen hatte Trabant mit seinem Herrchen, dem alten Waffelbruch, die Grundstücksgrenze abgelaufen. Während sein Herrchen die Grundstücksecken nach Grenzsteinen absuchte, hatte Trabant in allen Ecken längst seine Markierungen hinterlassen. Schließlich hatten die Waffelbrüche während der langen Fahrt von Schwerin nach Martinszell nur einmal eine Pause eingelegt. Daher hatte sich in Trabants Magen-Darm-Trakt eine größere Ansammlung aufgestaut, die nun abgelassen werden musste. Auch der alte Waffelbruch befreite sich von seinem Druck und verschwand während seiner Begutachtungstour mehrmals hinter Büschen und Sträuchern, die Schorsch vor Jahren ziemlich unsystematisch im Grundstück eingepflanzt hatte. Ähnlich hatte der junge Waffelbruch, Karl-Wendelin, agiert. Reichlich ungeschickt, wie er häufig war, hatte in der nordöstlichen Ecke des Grundstücks die Sohle seines rechten Schuhs mit einer frischen Tretmine von Trabant Bekanntschaft gemacht. Als er daher zu Lydia zurückkam und vor der mit Schorsch beschwerten Gartenbank stand, gesellte sich zu den bereits bekannten zwei Duftquellen, mit denen Lydia-Maximiliane schon eine geraume Zeit zu kämpfen hatte, noch eine dritte.

»Schatz, Schatz, ist Dir übel?« und »Papa, Papa, ich glaube Lydia-Maxima muss kotzen!«, hörte sie ihren Mann noch rufen. Aber schon drehte Lydia-Maximiliane ihren Kopf schnell nach unten, um sich benebelt von den üblen Gerüchen vor dem gepflasterten Eingangsbereich des Kiesburgerhauses zu übergeben.

»Was is' da los, was is' da los?«, schrie Schorsch, der von den lauten Rufen von Karl-Wendelin und den Würgegeräuschen von Lydia-Maximiliane unsanft geweckt wurde.
»Keine Aufregung, Herr Kiesburger. Georch, wir sind's nur«, sprach da der alte Waffelbruch zu Schorsch. Der hatte sich inzwischen von seiner Bank erhoben und rieb sich überrascht die Augen, als er den alten Waffelbruch vor sich sah. Ein Verschnitt aus Silvio Bunganotti, dem Toten in Amanda Creolis Kellerschacht, gemischt mit Schwaigbrunner, dem im Parco San Bartolo so kurios verunglückten Lehrer, dachte sich Schorsch über den gut 70 Jahre alten Mann, der da vor ihm stand.
»Wir sind's nur, die Familie Waffelbruch aus Mecklenburg-Vorpommern. Wie angekündigt, Herr Kiesburger. Ach was. Ich sag' jetzt gleich Georch, oder?«, stellte sich der alte Waffelbruch samt Gefolge vor.
»Aha, so, so, die Familie Waffelbruch. Ja, also ich bin der Schorsch, der Kiesburger Schorsch und ...«, wollte Schorsch gerade ausholen. Allerdings nahm er gerade einen Vierbeiner in seinem Grundstück wahr, weshalb er laut rief:

»He, he, was macht denn der Hund da drüben an meinem Zwetschgenbaum? Der Hund, die Sau, schifft an meinen Baum. Wem gehört denn der Hund da drüben, wem gehört diese Sau?«, fragte Schorsch zornig. Denn er konnte neben Katzen auch Hunde nicht leiden – vor allem nicht auf seinem Grundstück.

»Das ist der Trabant, unser Hund, Georch. Nur unser Hund«, versuchte der alte Waffelbruch Schorsch zu beruhigen.

»Wieso Hund? Der Trabant is' doch ein Auto, ein DDR-Auto?«, fragte Schorsch ungläubig.

»Ne, ne, das ist unser Hund. Unser Auto steht vor dem Gartentor. Ein Wartburg. Und Trabant ist unser Hund«, schaltete der alte Waffelbruch einen weiteren Aufklärungsversuch hinterher und setzte gleich noch einmal an:

»Ich bin Karl-Ferdinand Waffelbruch. Du kannst Karl-Ferdi zu mir sagen, wenn Du willst. Das ist mein Sohn, Karl-Wendelin Waffelbruch«. Dabei streckte der alte Waffelbruch Schorsch seine rechte Hand zum Gruß entgegen. Schorsch schlug nur zögerlich und widerwillig ein. Gleiches ließ er bei Karl-Wendelin über sich ergehen. Dessen Hand schien Schorsch auch sehr zart, vielleicht nicht ganz so groß und weich wie diejenige von Karl-Ferdi. Die vergleichsweise schmalen Hände hatten ihre Ursache wahrscheinlich darin, dass die Männer, die er gerade begrüßen musste, weit weniger körperlich beziehungsweise weit weniger handwerklich arbeiten mussten als er, Schorsch, der Hilfsarbeiter beim Maschinenring.

»So, und das ist jetzt die Hauptperson. Die Erbin. Meine Schwiegertochter Lydia-Maximiliane, die Ehefrau meines Sohnes. Wir kürzen meist auf Lydia-Maxima ab«, stellte nun der alte Waffelbruch den wichtigen Rest der Familie vor.

»Aha, aha. So, so, aha ... na dann, Grüß Gott«, sprach Schorsch unsicher und wollte der Dame zunächst gar nicht die Hand geben. Aber Lydia-Maximiliane streckte ihm so lange ihre schlanke Hand entgegen, bis Schorsch nicht mehr auskam und fest zupackte.

»Aua, aua!«, rief Lydia-Maximiliane.

»Oha, ja, natürlich. Zu fest für die zarte Hand, gell. Tut mir leid«, entschuldigte sich Schorsch schnell und scheinheilig.

»Macht nichts. Nicht so schlimm, Onkel Georch, oder wie soll ich zu Dir oder zu Ihnen sagen?«, fragte Lydia-Maximiliane.

»Naja, also ... vielleicht nur Schorsch«, antwortete Schorsch verlegen.
»Gut, dann bleiben wir gleich bei Georch, gell Georch!? Du kannst selbstverständlich auch Du zu uns sagen. Also Lydia-Maxima, Karl-Wendelin und zu mir Karl-Ferdinand oder Karl-Ferdi, gell Georch!«, besiegelte der alte Waffelbruch die Anredeformen.
»Also gut, wenn's nicht anders geht«, willigte Schorsch etwas missmutig ein.
»So, Georch, den Garten haben wir ja schon gesehen. Jetzt gehen wir mal ins Haus, oder?«, begehrte Karl-Ferdinand Einlass.
»Ja, na gut. Ich hab' aber noch nicht aufgeräumt. Ich bin nämlich erst gestern von Italien zurückgekommen«, versuchte sich Schorsch für das Durcheinander, das die Waffelbrüche gleich sehen würden, zu entschuldigen.
»Ist uns egal, Georch. Es kommt uns ja hauptsächlich auf die Bausubstanz und die Raumaufteilung an. Einrichtung, Sauberkeit und so weiter sind im ersten Durchgang noch nicht so wichtig«, gab der alte Waffelbruch zurück.
»Aha«, dachte sich Schorsch. Die Ausführungen von Waffelbruch sen. interpretierte er als eindeutige Hinweise darauf, dass es die Waffelbrüche einzig und allein auf das Erbe abgesehen hatten und sein Haus nun gleich einer eingehenden Begutachtung unterziehen würden. Und er lag völlig richtig damit:
»Du, Georch, sag, wo war denn die Wohnung von Heidruns Schwester, der Helma?«, fragte nun Karl-Wendelin, während Schorsch mit Familie Waffelbruch das Haus betrat.
»Gleich hier unten. Da, schau: Bei der Tür geht es zur Helma hinein«, antwortete Schorsch und zeigte mit seiner rechten Hand zur Eingangstür von Helmas einstiger Wohnung.
»Ging hinein, gell!? Ging ... muss das wohl lauten. Die Helma ist doch schon gestorben. Die Wohnung steht vermutlich seitdem leer, oder Georch?", fragte Karl-Ferdinand.
»Ja, die is' seitdem leer«, bestätigte Schorsch kurz. Ganz leer war die Wohnung von Helma selbstverständlich nicht. Schorsch nutzte nämlich vor allem das Schlafzimmer seiner verstorbenen Schwägerin häufig als Dauerverlies für Maxima, wenn ihm die Hauskatze einmal wieder auf den Geist ging. Außerdem übernachtete der Schittler Ade öfters in dem Zimmer, wenn Schorsch und Ade nach dem Tod von

Heidrun wieder einmal ein fröhliches Saufgelage veranstalteten und Schorschs Freund nicht mehr nach Hause fahren konnte.
»Die Wohnung könnte man jetzt also neu vermieten, oder? Oder in separates Sondereigentum umwandeln und dann gleich abspalten und verkaufen. Du wohnst ja wahrscheinlich oben, gell Georch?«, folgerte der junge Waffelbruch geschäftig, während er zusammen mit Lydia-Maximiliane und seinem Vater Helmas ehemalige Wohnung inspizierte.

Schorsch, dem immer unwohler in seiner Haut wurde, wartete vor der Wohnungseingangstür. Er hoffte, dass die Waffelbrüche insbesondere auf die Begutachtung von Helmas Bad und Schlafzimmer verzichten würden. Aber er unterschätzte die Gründlichkeit von Karl-Ferdi. Erst nach rund 20 Minuten kamen die Waffelbrüche wieder aus der Wohnung, zuletzt Karl-Ferdi, der gleich fragte:
»Georch, in dem Schlafzimmer riechts ja verteufelt scharf. Wie eine Mischung aus Katzenpisse und Schweißgeruch. Ist da die Helma längere Zeit tot rumgelegen, bevor sie gefunden wurde?«
»Nein, nein! Die Helma is' ja in ihrem Bad umgekommen. Die war noch in der Badewanne, also praktisch frisch gewaschen und sauber. Und mit dem Schittler Ade, einem guten Freund vom Maschinenring, hab' ich sie gleich gefunden und vom Totengräber noch am gleichen Tag wegtransportieren lassen. Die tote Helma hat also überhaupt keine Zeit zum Stinken gehabt«, antwortete Schorsch, der es vermied, die ihm bestens bekannten Geruchsquellen preiszugeben.
»Ach Georch, jetzt wo Du das Bad und die Badewanne schon selbst ins Spiel bringst. Nur eine kleine Sache: Ich habe da ein Loch in der Holzdecke ausfindig gemacht. Man sieht es kaum, aber ich habe es ganz genau lokalisiert. Direkt über der Badewanne und ganz klar ein Bohrloch«, gab Karl-Ferdi Auskunft über seine Entdeckung – und Lydia-Maximiliane und Karl-Wendi nickten ihm zustimmend zu.
»Aha, so, so. Ein Loch in der Holzdecke. Was Du nicht sagst, Karl-Ferdi«, antwortete Schorsch, der nun etwas zu schwitzen begann und zu beschwichtigen versuchte:
»Wahrscheinlich nur ein Astloch, praktisch ohne Belang«, antwortete Schorsch, der es natürlich viel besser wusste und hoffte, damit hätte sich die Sache erledigt. Aber der alte Waffelbruch setzte noch einmal an und beharrte auf seiner Version:

»Nee, nee! Ganz klar ein Bohrloch, kein Astloch. Ist aber auch egal, Georch. Für die Wertschätzung spielt das keine nennenswerte Rolle«, beendete Karl-Ferdi den Diskurs. Schorsch war erleichtert, dass es der alte Waffelbruch dabei beließ. Eine weitere Problematisierung dieses Themas hätte für ihn nämlich durchaus brenzlig werden können – schließlich hatte Schorsch damals das Loch eigenhändig mit seiner alten Black & Decker gebohrt.

Gefolgt von den Waffelbrüchen und Trabant überwand Schorsch nun bereits die ersten Stufen der Treppe, die nach oben, in seine Wohnung, führte. In der Mitte stoppte er, drehte sich zu den drei Waffelbrüchen um und fragte:
»Müsst Ihr zu mir eigentlich überhaupt rauf?«, fragte er in die Runde, die ihm mit etwas Abstand, aber höchst neugierig, über den Treppenaufgang gefolgt war.
»Selbstverständlich, Georch. Testamentarisch ist ja von Heidrun keine Zuordnung auf oben oder unten verfügt worden. Der erbrechtliche Anspruch bezieht sich also auf das gesamte Gebäude und natürlich auch auf das gesamte Grundstück. Wie dann die Aufteilung unter den Erben – also zwischen Lydia-Maxima und Dir – vorgenommen oder die Erbangelegenheit über Ausgleichszahlungen geregelt wird, darüber werden wir uns dann schon einig werden«, stellte der alte Waffelbruch unmissverständlich fest.
»Na gut«, antwortete Schorsch knapp und stapfte über die letzten Stufen nach oben.

Schorsch wurde langsam schlecht. Und er begann erneut zu schwitzen. In seiner Gedankenblase reihten sich unschuldige Buchstaben zu üblen Schimpfwörtern und schlimmen Hasstiraden zusammen: »Erbschleicher, Ossizipfel, Heuschrecken, Drecksäu, Ausbeuter, Immobilienspekulanten, Blutsauger …«. Dann versuchte er, sich mit letzter Kraft gegenüber der Ossimeute einen kleinen Vorsprung zu verschaffen. Schnell kurvte er in seine Küche und wollte schon die Tür hinter sich zuschlagen. Aber Trabants Körper hatte sich bereits zwischen Türblatt und Rahmen postiert, so dass die Tür nicht ins Schloss fallen wollte. Der Hund jaulte kurz und laut auf. Aber Schorsch ließ sich durch das Gejohle des Hundes nicht beirren. Er riss den Kühlschrank auf und nahm im Schutz der halb geöffneten Kühlschranktür einen kräftigen Schluck aus der Kirschbrandflasche. Der von Tür und Rahmen arg gequetschte Trabant litt zwar noch an seinen Schmerzen. Aber sie hielten ihn nicht davor zurück, Schorsch nachzuhinken. Mit seiner breiten Schnauze begann der Hund in den noch geöffneten Kühlschrank hineinzuwinseln, bevor Schorsch die Flasche dorthin zurückstellen konnte. Dann drückte Schorsch rasch die Tür zu und drückte dabei die Schnauze des Hundes unsanft in den Kühlschrank. Trabant war nicht mehr der jüngste und noch nie der schnellste. Möglicherweise war er auch von den Schmerzen, die ihm vor einigen Augenblicken durch die Quetschungen an der Küchentür zugefügt wurden, noch etwas benommen. Jedenfalls hatte es der Hund versäumt, seinen Schädel rechtzeitig zwischen Tür und Rahmen des Kühlschranks zurückzuziehen. Die Kühlschranktür stockte auf einmal. So sehr Schorsch auch drückte, die Tür wollte beziehungsweise konnte nicht zuspringen, weil es der eingezwängte Hundekopf und vor allem die Breitmaulschnauze verhinderten. Lediglich der Rumpf und das Hinterteil von Trabant wollten beziehungsweise mussten springen – und zwar sehr schnell und aufgeregt auf und ab. Das überraschte Schorsch etwas, weil der Hund doch angesichts des vorherigen Türstockerlebnisses noch Schmerzen an seinem Rumpf haben musste. Die frischen Schmerzen am Hals und an der eingezwickten Schnauze des Hundes übertünchen vermutlich die alten am Körper, vermutete Schorsch. Inzwischen steigerten sich die Qualen des Vierbeiners ins schier Unerträgliche, weil er mit seiner Schnauze gegen die ziemlich kalten und scharf gerippten Kühlfächer gedrückt wurde. Der Köter muss ziemliche Schmerzen haben, dachte Schorsch mit einem breiten Grinsen im Gesicht. Denn mit aller Gewalt versuchte nun Trabant, seinen Kopf aus dem Kühlkasten, der sich für den Hund zum Schwitzkasten entwickelte, herauszuziehen. Mit seinen Vorder- und Hinterläufen spreitzte sich der Vierbeiner mit aller Kraft gegen den Kühl- und den gleich daneben stehenden Brotschrank. Mit den spitzigen und voll ausgefahrenen Krallen kratzte er jetzt abwechselnd über den PVC-Boden, dann an der hölzernen Front des Brotschranks und des weiß lackierten Kühlgeräts. Schon zierten die Fronten erste Hundekratzer. Schorsch gönnte dem Vierbeiner die Höllenschmerzen zwar gerne. Trotzdem reduzierte er nach einigem Abwarten den Druck auf die Tür und »befreite« den armen Trabant schließlich aus der misslichen Lage. Obgleich die Küche schon mehr als zwei Jahrzehnte auf dem Buckel hatte, wollte Schorsch weitere Kratzer auf den Küchenfronten vermeiden.

»Ha, ha, ha! Das war jetzt ein schöner eisgekühlter Schwitzkasten für Deine Breitmaulschnauze, gell, Du Sauviech«, sprach Schorsch leise zu dem malträtierten Hund hinunter. Der flüchtete daraufhin schnell in die schützenden Arme des alten Waffelbruch, der als erster der Waffelbruchfamilie gerade in die Küche kam.

»Die Räumlichkeiten sind von der Aufteilung ganz o.k., Georch. Aber die Einrichtung, die scheint mir ziemlich abgewohnt. Und eine Bodenfliese in Deinem Bad hat ein tiefes Loch, durch das man bis in das untere Bad sehen kann«, sprach der alte Waffelbruch. Der hatte zuerst Wohn- und Schlafzimmer und anschließend das Bad begutachtet, bevor er nun Schorschs Küche in Augenschein nahm. Gerade wollte der alte Waffelbruch noch einmal ansetzen, um das Loch in der Bodenfliese ein zweites Mal zu thematisieren:

»Sieht aus wie ein Bohrlo...«, wollte er schon fortfahren. Aber da kam zur Erleichterung von Schorsch gerade Karl-Wendelin in die Küche und meckerte ebenfalls:

»Ja, Papa. Reichlich abgewohnt die Wohnung. Kann ich nur bestätigen, Papa«, erklärte Karl-Wendelin.

»Richtig, Sohn. Und im Bad sind uralte Fliesen. Eine davon, eine Bodenfliese, hat sogar ein Bohrlo...«, versuchte der alte Waffelbruch noch einmal, sein Thema durchzubringen. Aber da kam auch schon Lydia-Maximiliane dazwischen:

»Oh, ja, reichlich abgewohnt. Wirklich reichlich abgewohnt«, kam Lydia-Maximiliane zu einem ähnlichen Urteil und fuhr fort:

»Da, schau, Schwiegerpapa. Die Küchenfront ist auch total verkratzt. Und hier, der Kühlschrank. Total verkratzt«, sprach Lydia-Maximiliane weiter.

»Tatsächlich. Total verkratzt«, bestätigte der alte Waffelbruch, der nun mit den Kratzern ein neues Thema hatte und vom Bohrloch in der Bodenfliese im Bad abgelenkt wurde. Um Waffelbruch sen. vor einem thematischen Rückfall Richtung Bohrloch zu bewahren und beim neuen Thema zu halten, schlug nun auch Schorsch noch in die Kerbe:

»Ja. Total verkratzt, die Kuchl. Überall nur Kratzer. Hier, hier, hier! Überall Kratzer. Die Maxima, das Sauviech. Mit ihren langen Krallen. Überall nur Kratzer, kratz, kratz, kratz!«, schrie Schorsch wie

von Sinnen herum und kratzte mit den Nägeln seiner zu Krallen verformten zehn Finger an den Küchenfronten herum.
»Georch! Georch! Georch, es ist gut jetzt! Beruhige Dich, Georch!«, unterbrach der alte Karl-Ferdi Schorschs peinliches Schauspiel und fragte:
»Du Georch, welche Maxima? Vorsicht, willst Du etwa Lydia-Maximiliane beleidigen?«, wollte der Alte Waffelbruch Schorsch zur Rede stellen, während sich Karl-Wendelin hinter seinem Vater postierte und Schorsch mit ernstem Gesichtsausdruck in den Blick nahm. Aber der beschwichtigte gleich:
»Ach nein. Nein Karl-Ferdi. Meine Hauskatz' heißt zufällig Maxima. Karl-Ferdi, zu Deiner Schwiegertochter und zu Deiner Frau, Karl Wendelin, der Lydia-Maximiliane, würd' ich doch nie nur Maxima sag'n. Die Maxima is' nur meine Katz'«, beruhigte Schorsch scheinheilig.
»Ach, das ist ja lustig. Georch, Du hast 'ne Katze, die heißt Maxima? Das ist ja ein Zufall«, lachte der alte Waffelbruch und Karl-Wendelin rieb sich die Augen. Natürlich kann von Zufall überhaupt keine Rede sein, dachte sich Schorsch, behielt es aber für sich und war froh, dass damit das Thema Bohrloch endgültig aus der weiteren Konversation getilgt war.
»Sehen aber noch relativ neu aus, die Kratzer«, bemerkte Karl-Ferdi mit Trabant in seinen Armen und fuhr fort:
»Aber egal, ob alte oder neue Kratzer. Zu verkaufen ist die Küche so auf jeden Fall nicht mehr«, kam der alte Waffelbruch zu einem eindeutigen Urteil und setzte Trabant am Boden ab. Schorsch wunderte sich, dass sich die Waffelbrüche für die Kratzer in der Küche mehr interessierten als für Trabant, der aus seinem breiten Maul gerade mehrere Bluttropfen verlor. Aber die Waffelbrüche kämpften gerade mit einem neuen Thema. Das pikante Thema bemächtigte sich nun auch Schorschs Riechkolben und löste bei Karl-Wendelin eine Frage aus:
»Georch, was stinkt denn hier so?«, fragte Waffelbruch jun. in die Runde und fuhr weiter:
»Lag etwa Deine Heidrun länger in der Wohnung herum, bis man sie fand?«
»Die Heidrun? Nein, das war gleich vorbei. Die hat genauso wenig gestunken wie die Helma. Außerdem hab' ich meine Heidrun selbst

gewasch'n. Wirklich, total sauber gewasch'n«, antwortete Schorsch nachdrücklich.

»Aber irgendetwas stinkt hier wieder bestialisch, Georch. So ein seltsamer Modergeruch; oder vielleicht sogar doch Leichengeruch?«, bemerkte nun auch der alte Waffelbruch und fragte weiter nach:

»Wie ist denn nun eigentlich die Heidrun, Deine Frau, ums Leben gekommen, Georch? Das ist doch sicher auch für Dich interessant, Lydia-Maximiliane, schließlich war sie ja Deine Mutter«, wandte sich Karl-Ferdinand sowohl an Schorsch als auch an seine Schwiegertochter.

»Ja, Schwiegerpapa, wäre schon schön zu wissen«, pflichtete Lydia-Maximiliane ihrem Schwiegervater bei, der sich gleich wieder an Schorsch wandte:

»Also Georch, wie und woran ist die Heidrun gestorben? Hat sie leiden müssen?«, fragte der alte Waffelbruch.

»Nein, das is' ganz schnell gegangen. Ein Schlag und tot war's«, antwortete Schorsch wieder sehr kurz.

»Was, ein Schlag?«, fragte Waffelbruch nach.

»Ah, ah …«, rang Schorsch nach Luft, weil sich vor seinem geistigen Auge plötzlich ein Handkantenschlag auf den Kehlkopf seiner Frau aufbaute. Während er sich noch über seine Unvorsichtigkeit ärgerte, versuchte er, sich zu besinnen und die Todesumstände im Sinne der offiziellen Lesart zu berichten:

»Ja also, ein Schlag, genau gesagt also ein Herzschlag. Plötzlicher Herztod hat der Dr. Zollner in den Totenschein reingeschrieben. Also ein Schlag, wie wir in Martinszell so schön greislich sagen. Also ein Herzschlag. Ratzbum, ratzbum und tot bist. Ratzbum, ratzbum. Ganz schnell, ratzbum, ratzbum …«, wiederholte Schorsch und hatte einen reichlich verklärten Blick in seinen Augen.

»Schon gut, Georch. Schon gut, Georch. Beruhige Dich. Ist schon gut, Georch«, sprach der alte Waffelbruch auf Schorsch ein, sah nach hinten zu Karl-Wendelin und Lydia-Maximiliane, schüttelte seinen Kopf und rollte seine Augen.

Damit war klar: Das Thema wurde von Karl-Ferdinand für beendet erklärt. Das galt jedoch nicht für die Duftwolke, die durch Schorschs Wohnung waberte:

»Du Georch, aber was stinkt jetzt in der Wohnung so?«, fragte der alte Waffelbruch, der froh war, dass er das Gesprächsthema mit dieser Frage auf eine andere Spur setzen konnte.
»Keine Ahnung«, antwortete Schorsch.
»Georch, hast Du Schimmel im Haus?«, fragte der alte Waffelbruch noch einmal an die Adresse von Schorsch.
»Schimmel? Ich? Nein!«, antwortete Schorsch bestimmt.
Karl-Wendelin verschwand nun einige Sekunden in den anderen Räumen. Dann kam er wieder in die Küche zurück und ließ das Ergebnis seiner Wohnungsexpedition verlauten:
»Papa, ich bin jetzt jeden Raum in Georchs Wohnung abgelaufen. Überall stinkt es!«
»Georch, jetzt noch einmal: Hast Du Schimmel im Haus? Für die Wertbestimmung des Hauses ist Schimmel nämlich schon ein wichtiger Faktor. Also, sei jetzt ehrlich. Gibt es irgendwo Schimmelstellen im Haus?«, fragte der alte Waffelbruch noch eindringlicher als zuvor an die Adresse von Schorsch.
»Nein, kein Schimmel. Wenn ich's Euch sag'!«, antwortete Schorsch abermals. Allerdings vernahm er nun selbst den seltsamen Geruch immer stärker, der seine ganze Wohnung längst eingedampft hatte. Deshalb lief Schorsch nun seinerseits alle seine Zimmer ab und stellte dann fest:
»Da stinkts ja überall mordsmäßig, saumäßig, pfui!«
»Gell Georch, Du riechst es jetzt selbst. Stinkt unheimlich in Deiner Wohnung«, bestätigte nun auch Karl-Wendelin nochmals.
»Da guck, vielleicht die braunen Stellen am Boden«, deutete der junge Waffelbruch nach unten und beugte sich dem Boden entgegen. Diesem Vorbild folgten nun auch die anderen Waffelbrüche und auch Schorsch.
»Stinkt ja bestialisch«, stellte der alte Waffelbruch fest und fuhr fort: »Je näher man dem braunen Zeug kommt, desto mehr stinkt es. Aber eindeutig kein Schimmel, da hat Georch recht. Das sieht eher aus wie, naja sieht aus wie ...«, stockte Karl-Ferdinand plötzlich und fasste sich an sein Herz, das erneut zu flimmern begann.
»Jetzt sag schon, Waffelbruch, wie sieht es aus?«, fragte Schorsch in die Richtung von Karl-Ferdinand, der sich nach einigem Zögern und nachdem er sich erneut eine seiner Kautabletten in den Mund warf, dann doch noch zu einer eindeutigen Antwort durchrang:

»Naja, ich denke es handelt sich um, tja, um … Hundescheiße! Eindeutig Hundescheiße! Außerdem ist in der braunen Stelle im Gang das Profil einer Schuhsohle erkennbar. Übrigens hier im Schlafzimmer auch, aber eindeutig ein anderes Sohlenprofil«, klärte der alte Waffelbruch sachverständig auf, während er die Bodenbeläge in den einzelnen Räumen begutachtete. Karl-Wendelin, Lydia-Maximiliane, Schorsch und auch der alte Waffelbruch bückten sich wie auf Kommando zu ihren Schuhen hinunter und bogen ihre Sohlen nach oben. Sogar Trabant begutachtete seine Pfoten. Bis auf Schorsch, dessen Schuhsohlen keinerlei Spuren von Exkrementen eines Vierbeiners zeigten, verkrümmten alle anderen Menschen ihren Gesichtsausdruck und sprachen wie im Chor:

»Pfui, pfui, wäh, wäh, Hundescheiße!« Sie schüttelten sich voller Grausen, während Trabant dazu winselte. Der Befund war eindeutig und der Tathergang auch. Die Waffelbrüche waren während ihrer Begutachtungstour im Garten in die von Trabant ausgestreuten Haufen getreten. Danach hatten sie die unappetitliche Masse im Haus und dabei vor allem in Schorschs Wohnung verteilt. Schorsch war außer sich vor Wut und schrie:

»Ihr ostdeutschen Scheißetrampler! Raus mit Euch. Und raus mit dem Drecksköter, sonst verwurscht' ich den!«

»Georch, wir bringen das in Ordnung. Klare Sache, das geht auf unsere Kappe«, sah der alte Waffelbruch sofort die Schuld bei sich und den seinigen. Und eine weitere Kautablette verschwand in seinem Rachen, bevor er Lydia-Maximiliane anwies:

»Lydia-Maxima, besorg' Dir von Georch einen Lappen und bring' das bitte in Ordnung! Karl-Wendelin und ich bringen inzwischen den Hund raus und waschen ihm im Garten die Pfoten.«

Ziemlich geschäftig ging es jetzt auf einmal in Schorschs Siedlungshaus zu. Lydia-Maximiliane tat, was ihr befohlen wurde, nachdem ihr Schorsch Eimer, Putzmittel und Lappen in die Hand gedrückt hatte. Die zwei Waffelbruchmänner trugen Trabant ins Freie und wuschen die Pfoten des Vierbeiners mit Bürste und Wasser aus der Regentonne. Wie ein Sklavenaufseher kontrollierte Schorsch die Arbeiten der Waffelbrüche und ließ sich mit einer Flasche Bier in der Hand auf seine Terrassenbank plumpsen.

Agnes zwischen Rindshofer und Brausemann und Schorsch zwischen Waffelbrüchen

»Ja Schorsch, was is' denn bei Dir los?«, fragte Agnes, die gerade durch das Gartentor schritt und die fleißigen Menschen beobachtete.
»Sieht aus wie Stöbern oder Herbstputz, gell?!«, antwortete Schorsch seiner Schwägerin und fuhr fort:
»Die ostdeutschen Erben machen sich halt gern nützlich und putzen ihre eigene Scheiße weg, ha, ha, ha.«
»Grüß Gott zusammen, ich bin die Agnes, die Kiesburgerbäuerin, die Schwägerin vom Schorsch«, stellte sich Agnes den Waffelbrüchen vor. Die kamen mit ihrer Putzerei langsam zum Ende und begrüßten Agnes etwas außer Puste.
»Wie lange wollen Sie denn in Martinszell bleiben?«, kam Agnes gleich zu einem Punkt, den Schorsch ganz vergessen hatte, der aber natürlich äußerst wichtig war.
»Naja, bis wir uns über das Haus einig sind. Es geht nämlich um die Erbauseinandersetzung«, antwortete der alte Waffelbruch.
»Aber das kann dauern«, sprach Schorsch, der seine erste Bierflasche inzwischen geleert und die zweite bereits geöffnet hatte.
»Lang, ganz lang kann das dauern«, pflichtete Agnes bei.
»Wir wollen die Sache natürlich schnellstmöglich hinter uns bringen. Aber richtig ist, dass wir von der Aufnahme der wichtigsten Daten über die Erstellung des Immobiliengutachtens und mit den Verhandlungen ein bis zwei Wochen brauchen werden«, stellte der alte Waffelbruch in der Manier eines Profis eine Zeitspanne in den Raum. Dann kam er zu einem Punkt, der Schorsch überhaupt nicht gefiel:
»Ich schätze mal, dass wir für diesen Zeitraum die ehemalige Wohnung im Erdgeschoss belegen werden, gell Georch!«
»Was? Nein! Zum Übernachten könnt's zum Zieglerbräu hinüber geh'n. Oder in eine Ferienwohnung von Dir zieh'n, Agnes, oder?«, entgegnete Schorsch.
»Aber Schorsch. Der Ziegler hat doch seine Zimmervermietung eingestellt. Und bei mir werden zur Zeit zwei Ferienwohnungen renoviert«, wehrte Agnes das Ansinnen ihres Schwagers ab.
»Aber Du hast doch drei Ferienwohnungen auf Deinem Bauernhof, Agnes. Was is' mit der dritten Wohnung, wo die Po gewohnt hat?«, blieb Schorsch hartnäckig.

»Die Wohnung von Frau Dr. Pohl, der Staatsanwältin, is' seit drei Tagen an einen neuen Feriengast vermietet. Ein Herr Brausemann is' da jetzt drin«, erklärte Agnes.
»Also Georch, Du siehst, am klügsten und kostengünstigsten für alle Beteiligten wäre wohl, wir würden so lange ins Erdgeschoss gehen. Sagen wir 40 Euro am Tag. Verpflegung separat«, machte Karl-Ferdinand einen Vorschlag.
»Sagen wir 60 Euro. Wasser, Strom und Heizung inklusive«, machte Schorsch einen Gegenvorschlag.
»Dann treffen wir uns in der Mitte, Georch. Da, schlag ein«, hielt der alte Waffelbruch Schorsch wieder seine Hand hin. Schorschs rechte Hand war kurz davor, diejenige von Karl-Ferdinand zu berühren, als Schorsch kurz vor dem Zupacken noch schnell einwarf:
»Gut, Karl-Ferdi, 50 Euro und noch drei Euro für den Hund!« Und schon packte Schorsch fest zu. Da gab es für den alten Waffelbruch kein Entrinnen mehr.
»Na gut, Georch. Du Saukerl. 53 Euro mit Hund«, bestätigte nun der etwas übertölpelte Karl-Ferdinand. Dem war ab jetzt klar, dass er in Schorsch einen harten und hinterlistigen Verhandlungspartner oder besser gesagt »Verhandlungsgegner« haben würde.

Während der alte Waffelbruch seine Leute anwies, den Wartburg zu entladen und in die untere Wohnung von Schorschs Siedlungshaus einzuziehen, nahm Agnes ihren Schwager zur Seite und sprach:
»Du Schorsch, ich muss Dir noch was zu meinem neuen Feriengast sagen, dem Brausemann. Aus Braunschweig is' der.«
»Geht mich doch nichts an. Der is' Dein Feriengast. Und wo der her kommt, is' mir auch egal«, entgegnete Schorsch etwas barsch.
»Doch, Schorsch. Der Brausemann is' anscheinend ein alter Bekannter von der Staatsanwältin, der Frau Dr. Pohl, der Po. Stell' Dir vor, der is' auch Jurist. Sogar auch ein Staatsanwalt. Der wollt' unbedingt in die Wohnung, wo die Po damals drin war. Ihm als Staatsanwalt könnt' ich diesen Wunsch nicht abschlagen, hat er g'sagt. Er will die Aura und die Atmosphäre der letzten Lebtage seiner Geliebten einatmen, hat er g'sagt«, erklärte Agnes und stellte noch eine Frage:
»Weißt Du, was eine Aura is', Schorsch?«
»Aura? Keine Ahnung. Aroma kenn' ich, aber Aura?«, antwortete Schorsch achselzuckend.

»Genau, ich weiß es nämlich auch nicht. Und da bin ich dann lieber vorsichtig, weißt Schorsch. Außerdem hat er g'sagt, dass er mir 200 Euro über dem regulären Mietpreis zahlt, wenn er die Wohnung bekommt. Mit den 200 Euro und der Aura hat mich dieser Brausemann dann ganz schön eingeschüchtert. Dann hab' ich ihm die Wohnung halt gegeben, dem Brausemann«, klärte Agnes Schorsch auf.
»Wenn das kein Fehler war, Agnes. Hernach schnüffelt der Juristenzipfel mit seinem Staatsanwaltszinken überall hinein und findet am Schluss auch noch was«, gab Schorsch zu bedenken. Außerdem hatte Schorsch mit den Waffelbrüchen schon genug zu tun. Schließlich wurde er angesichts des Bohrlochthemas etwas unsicher, ob die neugierigen »Ossizipfel«, wie er sie fortan häufig betitelte, über die seltsamen Todesumstände von Heidrun und Helma nicht doch etwas herausfinden könnten. Während Schorschs Gedanken noch mit dieser Frage beschäftigten waren und darüber sinnierten, ob sich in seinem Haus noch irgendwelche Spuren oder Tathinweise befänden, setzte bereits Agnes wieder an:
»Was soll der Brausemann denn finden, Schorsch? Wir haben doch damals alles ganz genau durchgeplant. Und die Kriminalidioten aus München haben doch damals auch nichts gefunden, was uns verdächtig gemacht hätt'. Obwohl die damals jeden Stein umgedreht haben«, versuchte Agnes Schorsch und natürlich auch sich selbst zu beruhigen. Andererseits gab sie noch einen merkwürdigen Hinweis, der Schorsch stutzig machte:
»Außerdem hab' ich den Eindruck, der will was von mir. Der is' immer so nett und zuvorkommend und stellt mir dauernd komische Fragen«, führte Agnes aus.
»Welche Fragen, Agnes?«, hakte Schorsch besorgt nach.
»Wo das Fenster von meinem Badezimmer is', in welchem Zimmer ich schlaf', was ich an Männern besonders schätz', ob ich mit ihm mal ausgehen würd' und wie ich ihn find'. Der is' schlimmer als der Rindshofer Sepp«, schwallte es aus Agnes heraus.
»Welcher Rindshofer?«, fragte Schorsch erneut nach.
»Der Rindshofer Sepp is' Dein neuer Arbeitskolleg' beim Maschinenring. Dein Freund, der Schittler Adolf, geht doch bald in Rente. Wie Du in Italien gewesen bist, haben's dann den Rindshofer Sepp als Nachfolger für den Ade den eing'stellt. Den Sepp wirst Du schon noch kennenlernen«, antwortete Agnes.

»Lass' Dich von dem Burschen bloß nicht rumkrieg'n. Der hat nach dem Tod vom Jakob bestimmt nur den Hof im Sinn. Und von dem Brausemann darfst Du Dich auch nicht einwickeln lassen, Agnes. Du musst aufpassen, das is' ein Staatsanwalt, der hat das Herumschnüffeln im Blut. Von der damaligen G'schicht' darf auf keinen Fall was rauskommen, sonst sind wir erledigt«, sprach Schorsch eindringlich auf seine Schwägerin ein.
»Ja, freilich Schorsch. Ich geb' mich total zugeknöpft, bis oben hin zugeknöpft, Schorsch. Damit nichts raus kommt. Ich versprech's Dir Schorsch«, bestätigte Agnes mehrmals ihre Vorsicht.
»Ich hoff' auch für Dich, Agnes, dass da nichts rauskommt«, sprach Schorsch mit warnendem Zeigefinger. Dann erhob er sich von seiner Terrassenbank, verabschiedete sich von Agnes und ging ins Haus.
»Ja, Schorsch. Hoffen und Daumen drücken, damit ja nix rauskommt und der Brausemann nix find'. Servus«, verabschiedete sie sich von ihrem Schwager. Schließlich war es schon nach 13.00 Uhr und damit höchste Zeit, um Hansi, der gleich von der Schule kommen müsste, das Mittagessen zu bereiten. Und Brausemann wollte sie auch nicht allzu lange unbeaufsichtigt auf ihrem Hof herumschnüffeln lassen.

Das Hoffen und Daumendrücken von Schorsch und Agnes war nicht von Erfolg gekrönt. Denn Brausemann hatte bereits am Vormittag, kurz bevor Agnes zu Schorsch aufbrach, in der angemieteten Ferienwohung etwas gefunden – allerdings nichts, womit man Agnes oder Schorsch wegen des damaligen seltsamen Ablebens von Jakob und dessen Po etwas hätte anhängen können. Auch nichts, was gegen Hansi, den Bettnässer, der einst als Todesfahrer und Täter herhalten musste, gesprochen hätte. Vielmehr handelte es sich um einen delikaten Gegenstand, der den heimlichen Vorlieben von Staatsanwalt Brausemann auf so treffliche Weise entgegen kam: Als Brausemann nach seiner Ankunft von Agnes die Schlüssel für die Ferienwohnung ausgehändigt bekam, schloss er hinter sich sofort die Wohnungstür ab. Dann machte er sich sofort auf die Suche, fand aber keine Hinterlassenschaft seiner einstigen Geliebten. Am heutigen Vormittag setzte er dann seine Entdeckungsreise begierig fort. Vielleicht Haare? Ja, wenn es gut liefe, dann vielleicht sogar Schamhaare oder einige blonde Locken von Pos Haupthaar, die hätte er so gerne gefunden. Vielleicht zwischen Matratze und Bettzeug, im Gulli des Spülbeckens im

Bad oder in der Dusche – darauf hoffte der gierige Brausemann bei seiner Entdeckungsreise durch die ehemalige Ferienwohnung von Frau Dr. Pohl alias Po. »Bussi-Po« hatte er sie bei ihrer Liebelei auf der Studienfahrt einer Juristenvereinigung in das Heilige Land genannt. Sofort war er von ihren großen Brüsten und ihren runden Pobacken begeistert. Während Brausemann bei seiner Wohnungsdurchsuchung noch in Erinnerungen über das erste Treffen mit »Bussi-Po« schwelgte, wäre seine Begeisterung bald in Erregung umgeschlagen. Denn plötzlich ertastete er bei seiner Sucherei im obersten Fach des Schlafzimmerschranks diesen Gegenstand, der ihn mehr in Wallung brachte, als es ein Büschel Haare von Po vermocht hätte. Freilich hätte es der Staatsanwalt noch viel mehr geschätzt, wäre der Gegenstand noch ausgefüllt gewesen. Aber auch im ungefüllten Zustand befriedigte der Gegenstand Brausemanns reichlich absonderliche Bedürfnisse. Denn an dem roten Büstenhalter, der ihm so plötzlich in die Finger kam, klebten neben den Düften des teuren Parfüms auch noch die Ansätze von Schweißgeruch der einstigen Trägerin.
»Hm, Hhmm, Hhhmmm«, vergrub er seine Nase in die großen Körbchen und nuckelte an den Spitzen wie besoffen herum.
»Bussi-Po, ach Bussi-Po ...« winselte er wie Trabant während seines schmerzenden Schnauzen-Kühlschrankaufenthalts in den Büstenhalter hinein. Dann fing er voller Wehmut laut zu heulen an und vergoss Tränen in Strömen. Agnes, die vor der Tür lauschte und auf Brausemann sauer war, weil der vor ihrer Nase zugesperrt hatte, hörte das Gejohle des Mannes. Besorgt rief sie durch die Tür:
»Herr Brausemann, Herr Brausemann, was is' los mit Ihnen?«
Der Staatsanwalt schreckte hoch. Schnell stopfte er den roten und inzwischen von Tränen völlig durchnässten Stoff in seine Hosentasche. Dann schritt er zur Tür. Dort prüfte er, ob seine Vermieterin durch das Schlüsselloch etwas sehen konnte. Aber dort steckte noch der Wohnungsschlüssel, weshalb sich Brausemann unbeobachtet fühlen konnte. Schnell öffnete er die Tür und fragte die nun vor ihm stehende Agnes mit übertrieben freundlicher Stimme:
»Frau Kiesburger, was kann ich für Sie tun, meine Liebste?«
»Sie, für mich? Nichts. Ich hab' nur so eine Winselei gehört«, antwortete Agnes.
»Ach, das war nur mein Koffer. Der quietscht beim Auf- und Zumachen immer. Kein Grund zur Beunruhigung«, versuchte Brausemann

eine plausible Erklärung und sah Agnes mit verklärten Blicken an. Denn Agnes stand nur mit Bluse und Rock bekleidet vor ihm. So konnte er deutlich sehen, wie dürr und flach sie war. Brausemanns Vorlieben waren nämlich Vorlieben für Extreme, Vorlieben für die Endpunkte eines Kontinuums, Vorlieben für diametral entgegengesetzte Pole – und dazwischen lag nichts, was ihm attraktiv erschien. Bei Brausemann handelte es sich also um eine besonders seltene Art eines sexistischen Extremisten. Mit Frau Dr. Ariane Pohl, seiner ehemaligen »Bussi-Po«, hatte Brausemann angesichts ihrer reichlichen weiblichen Rundungen einen solchen Extrempol entdeckt. Mit Agnes schien ihm nun der krasse Gegenpol zu Po gegenüberzustehen: »Extrem flach und dürr ausgestattet, die Dame. Ungeformt glatt wie ein schlanker Jüngling«, dachte er sich und war sofort wieder begeistert. Agnes dachte auch gerade nach. Aber sie war dabei weit weniger begeistert, sondern beunruhigt und verstört. Denn sie sah deutlich, dass der vordere Teil von Brausemanns Hose stark angefeuchtet war. Handelte es sich bei diesem Staatsanwalt etwa um einen Hosen- oder gar Bettnässer? Sie wusste aus den Erfahrungen mit ihrem Hansi, dass mit der Hosen- und Bettnässerei nicht zu spaßen war. Aber Hansi war ihr Sohn und noch klein, dieser Brausemann dagegen schon rund 60 Jahre. Hatte das Gewinsel, das sie vorher durch die Tür gehört hatte, etwa damit zu tun, dass Brausemann die Toilette zu spät aufsuchte und sich dann angesichts der angerichteten Sauerei selbst bemitleidete? Kopfschüttelnd, verängstigt und angeekelt machte sie vor dem Eingang zur Ferienwohnung kehrt. Wie bestellt, aber nicht abgeholt, stand Brausemann an der Tür und konnte sich Agnes' rasches Verschwinden nicht erklären. Er schloss die Tür, zog den mit Tränenwasser durchnässten roten Büstenhalter von »Bussi-Po« aus seiner Hosentasche und trocknete ihn anschließend mit seinem Föhn. Schon wieder kamen in ihm unanständige Gedanken hoch, gegen die er sich nicht wehren konnte und auch nicht wehren wollte. Er überlegte lange, ob Agnes überhaupt Büstenhalter brauche. Und wenn ja, welche Körbchengröße maximal notwendig wäre. Er vermutete, 75 A müsste reichen. Während sich mit 75 A vor seinem geistigen Auge der eine Extrempol des BH-Kontinuums aufrichtete, hielt er in seiner linken Hand den realen anderen Extrempol des Kontinuums: Den Büstenhalter der Größe 95 E von »Bussi-Po«, an dem er zum Trocknen mit seinem Fön in der rechten Hand hingebungsvoll auf und ab fuhr. Dabei dachte er abwechselnd an die kurvige »Bussi-Po« und an die platte flach-dürre Agnes zurück. Gern hätte er Agnes an der Tür noch in ein intensiveres Gespräch verwickelt und in die Ferienwohnung gelockt, um sie zu umwerben. Aber plötzlich war Agnes verschwunden. Schließlich wollte sie ihren Schwager besuchen, was der balzende Brausemann nicht wissen konnte.

Brausemann war jedoch nicht der einzige, der sich bei Agnes Chancen ausrechnete. Mehrere unverheiratete Männer mittleren Alters hatten es nach dem Tod von Jakob auf die wenig trauernde Witwe und vor allem auf den großen Kiesburgerhof abgesehen. Besonders der von Agnes im Gespräch mit Schorsch erwähnte Sepp Rindshofer, den Schorsch allerdings aufgrund seiner Italientour noch nicht kennengelernt hatte, tat sich bei der Balzerei hervor. Am Stammtisch, beim Ziegler, hatte Rindshofer nach einigen Weißbieren mächtig getönt. Seine Konkurrenten versuchte er damit einzuschüchtern, dass er jeden, der sich an Agnes heranmachen wolle, das Maul stopfen und den »Rüssel« abdrehen würde. Um seine rüden Absichten zu illustrieren, nahm er die vor ihm im Teller liegende Swulsky-Currywurst in seine kräftigen Hände und drehte den Wurststängel so lange hin und her, bis er knackte: »So geht's jedem Rüssel, der sich nach der Agnes streckt«, rief er laut in die Männerrunde und bestellte sich dann einen Schnaps. Besonders beliebt machte sich der Rindshofer damit nicht. Aber die rohe Geste verschuf ihm bei den potenziellen Nebenbuhlern zumindest etwas Respekt. Agnes, der man im Wartezimmer von Dr. Zollner die Geschichte erzählte, fühlte sich zwar innerlich sehr geschmeichelt, gab sich aber nach außen schockiert. Sie wäre allerdings noch viel mehr schockiert gewesen, wenn man ihr die ganze Geschichte erzählt hätte. Schließlich hatten die Stammtischbrüder noch mächtig über Agnes abgelästert: »Flach und dürr, die Agnes – dafür bekommt der Rindshofer neben dem Bauernhof noch einen Bettnässer dazu.« Gemeint war der kleine Hansi, Agnes' Sohn.

Noch bevor sich Agnes von Schorsch verabschiedet hatte, um für Hansi das Mittagessen zu bereiten und Brausemann zu beaufsichtigen, fuhr dieser Sepp Rindshofer gerade in den Hof des Kiesburgeranwesens. Nachdem er im Auftrag des Maschinenrings drüben in

Dietramszell, beim Spindlerbauer, Siloballen gepresst hatte, wollte er in seiner Mittagspause auf dem Hof von Agnes nach dem Rechten sehen. Noch einmal gab er dem John Deere, der nicht ihm, sondern dem Maschinenring gehörte, mächtig Gas und drehte in der Hofeinfahrt eine Runde. Staatsanwalt Brausemann fühlte sich dadurch arg gestört. Nachdem er den BH von Po mit dem Föhn getrocknet hatte, wollte er nun die großflächige Nassstelle an seiner Hosenvorderseite beseitigen und dann ein kleines Nickerchen halten. Aber der Krach hielt ihn davon ab. Auch die alte Kiesburgeroma schreckte auf ihrer Lagerstatt in ihrer Kammer hoch und wollte sich schon über den ungestümen Krachmacher beschweren. Allerdings konnte sie ihr Bett nicht verlassen. Denn der kleine Hansi hatte ihr am Morgen wieder einmal den Rollstuhl versteckt. So blieb es alleine dem Staatsanwalt in seiner feuchten Hose vorbehalten, gegen den lautstarken Besuch vorzugehen. Er legte den Fön rasch beiseite. Schnellen Schritts verließ er dann seine Ferienwohnung und überwand mit einigen langen Sprüngen die Treppe nach unten. Er öffnete die Hauseingangstür und stand nun auf dem etwas erhöhten Podest. Von dem gingen nur noch zwei Stufen hinunter auf den geteerten Vorplatz, auf dem Rindshofer seine Runde gedreht hatte. Brausemann blieb oben auf dem Podest stehen. Wenn er die zwei Stufen auch noch hinter sich gebracht hätte, hätte sich seine Position im Vergleich zum Fahrer des Traktors noch zusätzlich nach unten verschlechtert. Schließlich thronte Sepp Rindshofer in seinem Fahrersitz auf dem hohen Traktor rund zwei Meter über dem Boden und grinste von dort auf Brausemann herab.
»Wer bist jetzt Du?«, fragte Rindshofer mit grimmiger Miene von oben nach unten, schaltete den Traktor ab und fragte weiter:
»Etwa der Schorsch? Der Schwager, der auf Italientour war? Der auch beim Maschinenring arbeitet? Hilfsarbeiter beim Maschinenring, gell! Dann sind wir ja Kollegen, gell!?« Aber Brausemanns Antwort bestand aus Gegenfragen:
»Wie? Schorsch? Italien? Maschinenring? Hilfsarbeiter? Ich? Ha, ha, ha, nein! Leider völlig falsch, mein Herr«, stellte Brausemann fest und fuhr fort:
»Brausemann ist mein Name. August Brausemann. Von wegen Maschinenring und Hilfsarbeiter. Staatsanwalt aus Braunschweig, Niedersachsen! Verstehen Sie!? Staatsanwalt! Staatsanwalt!«, betonte Brausemann nachdrücklich. Damit war für Rindshofer klar,

dass es sich nicht um den Schwager von Agnes handelte, sondern vor beziehungsweise unter ihm ein potenzieller Konkurrent um Agnes stand. Schon wollte Rindshofer ansetzen, um den Mann zu provozieren. Aber der kam ihm zuvor:

»Und statt Italien bevorzuge ich die Philippinen, Thailand oder die Malediven! Verstehen Sie?! Ich bin schließlich Staatsanwalt! Staatsanwalt August Brausemann!«, wiederholte Brausemann noch einmal deutlich hörbar.

»Is' ja schon gut, Du Brausenaugust. Musst Dich nicht aufblasen wie ein Pfau!«, schmetterte Rindshofer dem Staatsanwalt grob entgegen.

»Wie bitte? Wie bitte? Was haben Sie jetzt über mich gesagt?«, fragte der Staatsanwalt ungläubig zu Rindshofer nach oben.

»Hast' nicht zugehört, was Dir der Sepp g'sagt hat? Du musst immer aufpassen, was Dir der Sepp sagt, gell, Du g'stelzter Brausenaugust«, höhnte Rindshofer erneut nach unten.

»Also ich muss schon bitten, ich muss schon bitten«, pikierte sich der Staatsanwalt, worauf sich Rindshofer herausgefordert fühlte.

»Ja freilich, bitte, bitte darfst Du schon machen, gell, Brausenaugust. Immer schön bitte, bitte machen, wenn der Sepp kommt!«, höhnte Rindshofer weiter. Was konnte ihm dieser Brausemann schon anhaben? Selbst wenn der Mann tatsächlich Staatsanwalt war. Rindshofer fühlte sich unangreifbar. Und ohne Zeugen konnte ihm dieser Brausemann nicht ans Leder. Plötzlich hörte Rindshofer eine weibliche Stimme:

»Ja, Sepp, Du bist es mit dem großen Bulldog. Da muss man schon schön kräftig sein, damit man den lenken kann. Und Sie, Herr Brausemann, Sie sind auch da. So eine Freud'. Sie beide, zwei so fesche Männer, zusammen auf einem Haufen auf meinem Hof«, kam es Agnes, die gerade von ihrem Besuch bei Schorsch kam, arg dümmlich über die Lippen.

»Richtig, Frau Kiesburger. Ich bin es und schütze Ihr Hab und Gut vor diesem, naja, vor diesem groben Rüpel!«, rief Brausemann vom Eingangspodest.

»Jetzt spielen Sie sich hier nicht so auf mit ihrer nassen Hose. Sie haben sich wohl vor lauter Angst vor mir in Ihre Hose gemacht«, entgegnete Rindshofer, der die Feuchtstelle am Hosenlatz von Staatsanwalt Brausemann längst erspäht hatte.

»Wie, was?«, fragte Brausemann, sah nach unten und fühlte sich peinlich ertappt. Er hatte zwar den Büstenhalter von »Bussi-Po« so lange geföhnt, bis die Körbchen glühten. Seine eigene Hose hatte er darüber jedoch dummerweise total vergessen.

»Oh, ja, natürlich. Ihr Wasserhahn in der Toilette hat wahnsinnigen Druck. Tja, zu fest aufgedreht und dann, dann … naja, das Ergebnis sehen Sie ja selbst«, sprach Brausemann etwas kleinlaut und sah unsicher zwischen Agnes und Rindshofer hin und her. Dann lief er schnell ins Haus und nach oben in seine Ferienwohnung, wo er hinter sich die Tür abschloss.

»So Agnes, dieses aufgeblasene Nordlicht wären wir los, gell. Jetzt sind wir nur noch zu zweit. Was machen wir jetzt, Agnes?«, fragte Rindshofer von seinem Traktorstuhl zu Agnes hinunter und zwinkerte auffällig mit seinem rechten Auge.

»Ja schon, aber jetzt hab' ich leider überhaupt keine Zeit für Deinen Traktor. Ach, was sag' ich …«, antwortete Agnes ziemlich durcheinander und setzte noch einmal an:

»Keine Zeit hab' ich, Sepp. Leider. Denn dem Hansi muss ich jetzt das Mittagessen machen, Sepp. Da kommt er schon, der Hansi. Dein Traktor, ah nein, Du, Du musst leider warten. Vielleicht nachts, oh nein oder doch? Da kannst Du ja mal kommen, gell Sepp«, stöpselte Agnes verwirrt herum.

»Schon gut, Agnes. Mich wirst Du nicht mehr los. Vielleicht lässt Du heut' Nacht Dein Fensterl offen. Versteh' mich richtig, Agnes, Dein Fensterl offen lassen, gell«, betonte Rindshofer sein Begehr, gab mächtig Gas und rauschte mit dem John Deere die Hofeinfahrt hinaus.

»Was meinst jetzt Du, Hansi?«, fragte Agnes ihren gerade herbeilaufenden Sohn, um den sie sogleich ihren rechten Arm legte.

»Ein schöner Bulldog, Mama«, sprach Hansi begeistert.

»Schöner Bulldog und stattliche Erscheinung. So kräftig, männlich und draufgängerisch. Ein richtiger Kerl, ein Pfundskerl, der Sepp«, sprach Agnes mit verklärtem Blick und ging mit Hansi an der Hand ins Haus.

Schorsch beim Spionieren, Rindshofer beim Fensterln und Gülle mit Fülle

»Hund' sind die Ami schon«, sprach Schorsch in seiner Küche vor sich hin, als er an diesem Abend auf seiner knarzenden Eckbank saß und vor sich auf dem Tisch die Bildzeitung ausgebreitet hatte. Gerade las er einen Bericht über die Spionageaffaire der National Security Agency (NSA). Schorsch war begeistert von der Leistungsfähigkeit und den Spionagekünsten des größten Auslandsgeheimdienstes der USA.
»Denen bleibt nichts verborgen. Die wissen alles«, kam es Schorsch noch einmal anerkennend über die Lippen. Dann wandte er seinen Blick von der Zeitung ab, starrte gegen die Kühlschranktür, die Trabant heute Nachmittag so übel zugerichtet hatte und fasste einen Entschluss.

Er zog seine warme dunkelgraue Strickjacke und seine alten Gummistiefel an, bewaffnete sich mit einer Taschenlampe und schloss hinter sich die Wohnungstür ab. Dann nahm er die ersten Stufen der Treppe und stand im Eingang seines Siedlungshauses. Er hielt kurz an und blickte gegen die Eingangstür, die in die Wohnung der verstorbenen Helma führte. Leise trabte er zur Tür, legte sein rechtes Ohr an und lauschte hinein. Dort hörte er einige Stimmen. Natürlich führte der alte Waffelbruch, Karl-Ferdi, das Regiment. Einigemale kläffte Trabant lautstark dazwischen. Karl-Wendi oder Lydia-Maxima unterbrachen den Monolog des alten Immobiliengutachters nur selten. Trotzdem konnte Schorsch nur unzusammenhängende Wortfetzen und einzelne Begriffe verstehen: »Testament«, »Gutachten«, »Schnarchzapfen«, »Georch«, »Heidrun«, »Verkehrswert«, »Geldzahlung«, »Bodenfliese«, »Bad«, »Bohrloch«. Viel hätte Schorsch dafür gegeben, wenn er über die technischen Gerätschaften und die Fähigkeiten der NSA, diese zu bedienen, verfügt hätte. Besonders die Gesprächsinhalte, die sich um die Reizwörter »Bodenfliese«, »Bad« und »Bohrloch« drehten, wären für Schorsch höchst interessant gewesen. Schließlich musste er in Erfahrung bringen, ob die Waffelbrüche wegen des einstigen Ablebens von Helma – und womöglich auch seiner eigenen Frau Heidrun, der anderen »Zufallstoten« – etwas ahnten. Aber so sehr er sein Ohr gegen die Tür drückte, er konnte nur einzelne Wörter, aber keine zusammenhängenden oder sinnstiftenden Sätze hören. Deshalb gab er seine wenig erfolgversprechenden Abhöraktivitäten auf und verließ sein Haus, um wieder einmal auf dem Kiesburgerhof herumzuspionieren. Selbstverständlich galt sein Interesse vor allem diesem Brausemann, dem Staatsanwalt und ehemaligen Po-Geliebten, von dem ihm Agnes erzählt hatte. Schließlich faselte Agnes etwas davon, der »Juristenzipfel« wäre nicht nur an der letzten Wohnstätte von Frau Dr. Pohl interessiert, sondern würde auch ihr nachstellen und hätte sich sogar nach Agnes' Badezimmer erkundigt.

Schorsch stand nun vor der Einfahrt zum Kiesburgerhof. Jetzt war er gerade dabei, sich hinter den Johannisbeerstauden zu postieren, die von seiner Mutter, der alten Kiesburgeroma, vor rund vierzig Jahren unter dem hochgewachsenen Apfelbaum gepflanzt wurden. Das war nachts eine äußerst günstige Zwischenstation. Das Hoflicht leuchtete fast den ganzen Vorplatz des Kiesburgerhofs aus, aber die Strahlen reichten nur bis kurz vor den Apfelbaum und die Johannisbeeren. Schorsch saß also völlig geschützt im Dunkeln, während er vor sich im Lichtkegel der Hoflampe den Hauseingang, das Milchkammerl, die Garagen, den Geräteschuppen und sogar die Stirnseite des Laufstalls gut im Blick hatte. Bis zum seltsamen Ableben von Jakob, seinem Bruder, hatte Schorsch für seine Beute- und Raubzüge auf dem Hof den Platz hinter den Johannisbeersträuchern als Basislager auserkohren. Mit einem kurzen Sprint waren von dort die Garagen und der Geräteschuppen in wenigen Sekunden erreichbar, um Jakob um das eine oder andere Werkzeug oder mehrere Liter Treibstoff zu erleichtern.

Schorsch war in seinem Beobachtungsstand gerade dabei, in Erinnerungen an seine früheren Beute- und Raubzüge zu versinken, die er aus Rache für die testamentarische Benachteiligung gegen Jakob führte. Doch plötzlich hörte er von der Hauptstraße ein Traktorengeräusch. Nachdem der Krach wieder schnell verstummte, bemerkte er an der Ostseite des Hauses, vor dem hintersten Fenster, eine geduckte menschliche Gestalt, die anscheinend in das kleine Fenster hineinlugte. Richtig, Agnes hatte davon gesprochen, dass der neue Ferien-

gast, Staatsanwalt Brausemann, sie nach ihrem Badezimmer gefragt hatte.
»Aha«, dachte sich Schorsch, »der Juristenzipfel is' ein Spanner.«
Schorsch lag richtig mit seiner Vermutung. Es handelte sich tatsächlich um Staatsanwalt Brausemann. Getrieben von seinen Vorlieben für Extrempole in Bezug auf Frauen, wollte Brausemann die flachdürre Agnes in ihrem Badezimmer beobachten. Er hatte sich extra eine leere und rund 50 Zentimeter hohe Holzkiste besorgt, die er umgekehrt vor das beleuchtete Fenster schob. Sie sollte ihm als Rampe dienen, um an Höhe zu gewinnen. Brausemann sprang auf die Kiste und begann, seine Zehenspitzen auszufahren, um noch zusätzlich einige Zentimeter höher zu kommen. Etwas wackelig stand er jetzt dort oben ganz dicht am Fenster und spähte neugierig hinein. In seiner rechten Hand hielt er – zur Verwunderung von Schorsch – einen roten Büstenhalter. Mit der linken Hand streichelte er unaufhaltsam am Fensterbrett auf und ab. Schorsch traute seinen Augen nicht und stierte ungläubig zu dem seltsamen Staatsanwalt hinüber. Plötzlich wurde Schorsch aus seiner Beobachtungshaltung gerissen, denn er hörte ein Geräusch, das allerdings nicht von der Ostseite kam, wo sich der Staatsanwalt abrackerte. Es kam von der Südseite, direkt von der Hofeinfahrt, von wo zuvor das Traktorengeräusch zu hören war.

»Aha, noch einer«, bemerkte Schorsch leise in seinem Versteck.
Tatsächlich, ein großer kräftiger Mann mit einer rund sechs bis sieben Meter langen Leiter huschte gerade durch die Hofeinfahrt.
»Wahrscheinlich dieser Rindshofer Sepp«, dachte sich Schorsch völlig richtig. Der Rindshofer hatte offensichtlich seinen bzw. den Traktor des Maschinenrings für die Herfahrt genutzt und dann vor der Hofeinfahrt abgestellt, vermutete Schorsch. Er erinnerte sich gerade daran, dass Agnes davon erzählt hatte, dass auch dieser Rindshofer hinter ihr her war. Während Schorsch darüber nachdachte, ob es dem Rindshofer wirklich um Agnes oder doch eher nur um den großen Bauernhof ging, sah er, wie dieser Rindshofer die Leiter an die Brüstung des Balkons lehnte, der an der Südseite des Wohnhauses lag.
»Aha, Angriff von der Ost- und von der Südseite auf den Kiesburgerhof«, flüsterte Schorsch in seinem Versteck zu seiner eigenen Belustigung und hatte beide Hausseiten und damit die zwei Männer bestens im Blick.

Im gleichen Augenblick als Rindshofer die ersten drei Sprossen mit einem Satz erklimmen wollte, um über den Balkon zu Agnes' Kammerfenster vorzudringen, hörte er zu seiner Überraschung ein lautes Wehklagen:
»Aua, ah, Mist«, hörte auch Schorsch in seinem Beobachtungsstand mit einem Lächeln im Gesicht die Stimme des Mannes auf der Ostseite. Jetzt durfte er sogar beobachten, wie Rindshofer auf der Südseite von seiner Leiter sprang und um das Hauseck lief, um auf der Ostseite nachzusehen, was dort drüben vor sich ging. Schorsch hatte es natürlich bestens gesehen: Der Staatsanwalt konnte auf der Holzkiste das Gleichgewicht nicht mehr halten und stürzte mit dem großen roten BH in der Hand auf den staubigen Hofasphalt.
»Brausedepp, Du!? Was machst denn Du da?«, rief nun Rindshofer außer sich vor Wut auf den vor ihm liegenden Juristen hinunter.
»Ich, ich, ja nun, ich äh ...«, stammelte der offensichtlich völlig überraschte Brausemann herum und klammerte sich an den mitgeführten roten BH.
»Du perverse Sau, Du perverse! Wo hast Du den BH her? Is' der etwa von der Agnes? Ich mach' Dich jetzt kalt, eiskalt, Du perverse Juristensau!«, schrie Rindshofer auf den Staatsanwalt hinunter.
»Nee, ach nee. Wirklich nicht, nee. Der Büstenhalter wäre der Agnes doch viel zu groß. Nee, nicht, bitte nicht ...«, winselte der am Boden liegende Brausemann, der sich von den Trittversuchen Rindshofers zunächst durch ein Rollmanöver aus der Gefahrenzone zu retten versuchte. Nach einigen Metern in der Rollbewegung schaffte es Brausemann schließlich in die Krabbelposition. Damit war er zwar etwas schneller unterwegs, aber er offerierte Rindshofer damit sein Hinterteil, das dieser nun mit harten Fußtritten arg traktierte. Für den vierten Tritt holte Rindshofer allerdings so fest aus, dass er zu seinem Unbill seinen rechten Stiefel verlor, der im hohen Bogen durch die Luft flog. Rindshofer war nun für einige Augenblicke mit Sucharbeit beschäftigt. Diesen Umstand nutzte der Staatsanwalt zu seinem Vorteil und konnte sich aufrichten. Kaum auf den Beinen, setzte er sogleich zum Spurt an und ergriff die Flucht. Rindshofer fand leider seinen verschossenen Stiefel nicht, weshalb er dem Staatsanwalt nun ohne komplettes Schuhwerk Richtung Laufstall etwas hinkend hinterherlief. Noch kurz vor seinem Tod hatte Jakob die Fläche vor dem Laufstall mit etwas grobkörnigem Kies aufschütten lassen. Darunter

waren sicher einige spitzige Exemplare, die gerade Rindshofers rechte Fußsohle malträtierten, dachte sich der hinter den Johannisbeerstauden hämisch hervorgrinsende Schorsch. Aber Schorsch amüsierte sich nicht nur über den hinkenden Rindshofer, sondern er hatte auch Freude an dem Staatsanwalt. Denn der musste sich von Rindshofer mehrere grobe Fußtritte gefallen lassen und geriet auf seiner Flucht öfters ins Trudeln.

»Hoppla«, zuckte Schorsch gerade zusammen, nachdem er sein Versteck verlassen hatte, um den Streithähnen im sicheren Abstand zu folgen. Er stolperte nämlich gerade über den Stiefel, den Rindshofer zuvor vergeblich gesucht hatte. Schorsch bückte sich. Dann griff er sich den Gummitreter mit einem zufriedenen Lächeln auf den Lippen und setzte seine Verfolgung fort. Schließlich wollte er den weiteren Fortgang des Spektakels zwischen Rindshofer und Brausemann beobachten.

»Ah, ah, Hilfe, Hil…«, hörte Schorsch plötzlich die Rufe des Staatsanwalts von der Rückseite des Laufstalls. Mit breitem Grinsen im Gesicht vermutete Schorsch, Rindshofer würde gerade wieder auf den Staatsanwalt einschlagen. Noch eine Minute wollte er zuwarten, um dann – vielleicht – einzugreifen, wenn es Rindshofer zu übel treiben würde. Er, Schorsch, könnte dann die Widersacher auseinander treiben und sich gegenüber Brausemann als Retter darstellen. Gleichzeitig könnte er den Rindshofer vor einer Strafanzeige wegen Körperverletzung bewahren, wenn er als Zeuge eine entsprechende Aussage machen würde. »Doppelt kassieren – wie damals bei Jakob und Agnes«, kam es Schorsch für einen kurzen Augenblick in den Sinn und sah seinen Schwarzgeldberg im Küchenschrank schon in ungeahnte Höhen wachsen. Der Lohn von Rindshofer beim Maschinenring müsste ausreichen, um einige Hunderter abzudrücken. Vielleicht war der Lohn von Rindshofer sogar höher als sein eigener, obgleich er, Schorsch, schon fast zwanzig Jahre dabei war. Dann wäre es doch nur gerecht, wenn Schorsch eine kleine Ausgleichszahlung von seinem neuen Kollegen herauspressen könnte. Und der Juristenzipfel verfügte sowieso bestimmt über ein gutes Gehalt. Er würde sich gegenüber Schorsch, dem Lebensretter, sicherlich erkenntlich zeigen. Von derartigen Gedanken tief durchdrungen schritt Schorsch in freudiger Erwartung und voller Tatendrang um das Hauseck. Aber dort sah er zu seinem Erstaunen nur Rindshofer.

»Wo is' denn der Staatsanwalt hingekommen?«, fragte Schorsch an die Adresse von Rindshofer, der vor sich in ein dunkles schwarzes Loch starrte. Rindshofer erschrak, als er in seinem Rücken die Stimme von Schorsch vernahm. Er fühlte sich ertappt, drehte sich auf einen Satz zu Schorsch und fragte überrascht zurück:
»Wer bist denn Du?«
»Ich bin der Schorsch, der Kiesburger Schorsch! Und Du bist wahrscheinlich der Rindshofer Sepp, oder?«, entgegnete Schorsch.
»Richtig«, gab Rindshofer kurz und knapp zurück.
»Und das is' Dein Stiefel, gell!?«, stellte Schorsch eine Frage, die aber eher als Feststellung aufzufassen war.
»Richtig, mein Stiefel«, antwortete Rindshofer wieder sehr kurz.
»Ja, Dein Stiefel. Aber wo is' jetzt der Staatsanwalt, der Herr Brausemann?«, fragte Schorsch und wiederholte:
»Wo der Staatsanwalt is', will ich wissen. Und zwar sofort, jetzt gleich!«, penetrierte Schorsch.
»Der is' auf einmal verschwunden. Hat sich praktisch in Luft aufgelöst«, antwortete Rindshofer.
»Aha, in Luft aufgelöst. Dass ich nicht lach'. Wieso hast Du dann zuvor so zufrieden in das Loch da vorne reingestarrt?«, stellte Schorsch die nächste Frage, ließ Rindshofer aber erst gar nicht antworten, sondern setzte gleich noch einmal an:
»Liegt er da unten, der Staatsanwalt? Hast in bis da her gehetzt und dann is' der Juristenzipfel abgestürzt, gell. Das kenn' ich bestens, da bin ich praktisch Spezialist.«
Rindshofer fühlte sich schon wieder ertappt. Allerdings wusste er mit dem Nachsatz von Schorsch nichts anzufangen. Wieso sollte dieser Schorsch auf dem Gebiet von fliehenden Männern, die in tiefe dunkle Löcher stürzen, »Spezialist« sein? Aber Rindshofer konnte nicht wissen, dass Schorsch während seines Abstechers nach Italien viel Erfahrung mit Männern machen konnte, die plötzlich in ein schwarzes Loch hinuntergerissen wurden und dort unten in der Tiefe ihr Leben verloren. Genauso wenig konnte aber auch Schorsch wissen, dass sich die Sache zwischen Rindshofer und Brausemann in den letzten Sekunden doch etwas anders zugetragen hatte, als er es ange-

sichts seiner italienischen Erfahrungen mit dem Kellerschacht von Signora Creoli vermutet hatte. Der Staatsanwalt stürzte zwar in ein Loch, wie damals Silvio Bunganotti und Buriano Brazzo in der Via Isonzo in Macerata. Allerdings handelte es sich damals in Italien um einen kleinen Kellerschacht. Im Gegensatz dazu handelte es sich in dieser Nacht auf dem Kiesburgerhof in Martinszell um ein Loch. Und während der damalige Schacht der Aufbewahrung von allerlei Gartengeräten gedient hatte, gehörte das deckellose Loch auf dem Kiesburgerhof zur betonierten Güllegrube, die bei voller Auslastung immerhin gut 80 Kubikmeter stinkende Jauche beherbergte. Im Vergleich zu den zwei Italienern hatte sich Brausemann kurz vor dem endgültigen Absturz noch für einige Sekunden am Rand halten können. Die Finger seiner zwei Hände krallten sich wie Spitzhacken in der betonierten Umrahmung fest, weshalb einige Fingernägel erst knickten und dann brachen. Erstaunlicherweise gelang es dem Staatsanwalt dabei sogar, den roten BH seiner ehemaligen Geliebten zwischen dem kleinem Finger und dem Ringfinger seiner rechten Hand einzuklemmen und so vor dem Fall in das üble Gewässer zu retten. Als Rindshofer den mit seinen Händen am Rand des Loches baumelnden Staatsanwalt mit dem flatternden BH in seinen Fingern entdeckte, war er von der akrobatischen Fingerfertigkeit des Juristen fast begeistert. »Bravo Brausenaugust, eine zirkusreife Einlage bietest Du mir zum Abschied«, spottete Rindshofer zu dem armen Mann hinunter. Dann trat er mit seinem rechten Fuß auf die zarten Finger des Staatsanwalts herum. Weil Rindshofers rechter Fuß jedoch nur noch mit einem Strumpf bekleidet war, hielt der Staatsanwalt die Schmerzen auf seinen Fingern noch aus. Deshalb stellte Rindshofer wütend um und stampfte fortan mit seinem linken Fuß und damit mit dem scharfen Profil seines Stiefels drauflos. Bereits beim ersten Tritt quoll das Blut aus Brausemanns linker Hand. Gleich darauf spürte er das Profil auf seiner rechten Hand, aus der ihm nach dem vierten Tritt leider der rote BH entglitt. »Ah, ah, Hilfe, Hil…« ließ er noch ertönen, was auch Schorsch zuvor noch vernommen hatte. Dann verlor der Staatsanwalt aber endgültig den Halt. Das dunkle Loch verschluckte ihn, und noch im freien Fall wurde er ohnmächtig, bevor sein Körper in die stinkende Gülle eintauchte.

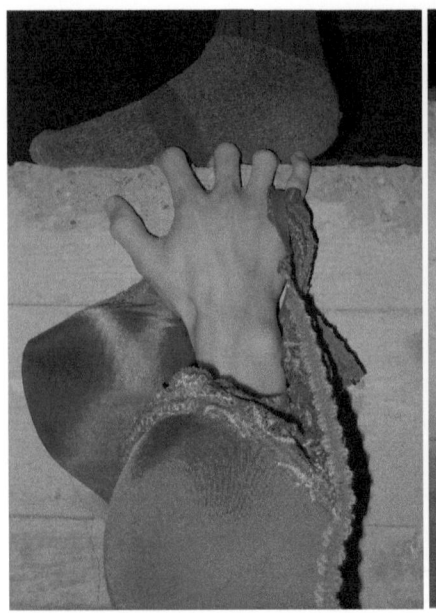 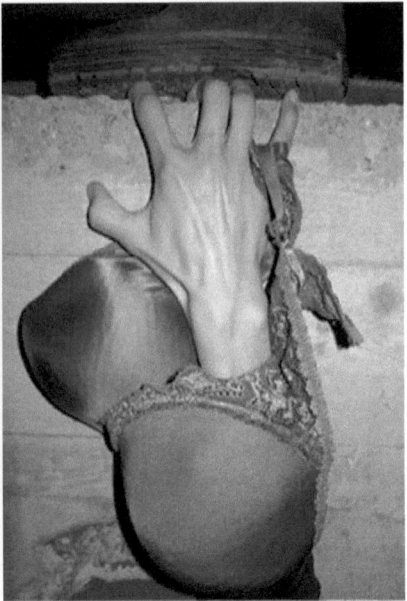

Die Bilder dokumentieren den krampfhaften Versuch von Staatsanwalt Brausemann, sich – trotz der Stampftiraden von Rindshofer – mit seiner rechten Hand am Rand der Güllegrube festzukrallen. Gut zu erkennen ist dabei besonders auch der BH von »Po«. Links: Zunächst trampelt Rindshofer mit dem strumpfsockigen Fuß auf den Fingern von Brausemann herum; allerdings ohne Erfolg, denn Brausemann kann sich noch halten. Rechts: Dann tritt Rindshofer mit dem anderen Fuß zu. Dank des groben und harten Profils seines Stiefels agiert er jetzt erfolgreicher. Da hilft Brausemann auch der BH von »Po« nichts mehr. So sehr er sich auch anstrengt, Brausemanns Finger kapitulieren vor den Höllenschmerzen, die ihm Rindshofer durch seine rohen Stampftiraden zufügt. Brausemanns malträtierte Finger verlieren leider an Halt. Gleich darauf rutscht der Staatsanwalt endgültig ab und taucht in die stinkende Gülle ein.

»Jetzt gib es endlich zu, Rindshofer! Du wolltest mit dem Staatsanwalt ein Hühnchen rupfen, hast ihn bis hier her gehetzt, und dann is' er ins Loch gestürzt, weil irgend so ein Depp den Deckel offengelassen hat«, folgerte Schorsch richtig.
»Ja, richtig. Praktisch ein Unfall, ein saudummer Unfall, oder?«, gab daraufhin Rindshofer zurück.
»Ich weiß nicht, wie die Kriminaler das sehen werden, vielleicht auch Mord oder Totschlag. Am wahrscheinlichsten Körperverletzung mit Todesfolge«, entgegnete Schorsch.

»Ach Schmarrn! Ich hab' den Brausemann doch überhaupt nicht angerührt«, wollte sich Rindshofer herausreden.
»Und der Stiefel da? Der is' Dir einfach so vom Fuß gerutscht«, entgegnete Schorsch und tippte mit seinem rechten Zeigefinger auf den Stiefel, den er in der linken Hand hielt. Und sogleich setzte er fort:
»Und die Blutspuren an dem Stiefel, den Du noch an hast? Und wenn die Kriminaler dann die Leiche obduzieren, werden's wahrscheinlich auch noch einige Wundmale finden, die Du dem Mann zugefügt hast. Also Sepp Rindshofer, insgesamt schaut das schlecht für Dich aus. Ganz, ganz schlecht!«, kam Schorsch zu einem eindeutigen Ergebnis. Außerdem war Schorsch sauer, weil mit dem „Fortfall" von Brausemann das erhoffte doppelte Abkassieren platzte. Deshalb deutete er Rindshofer eine erste Forderung an:
»Übrigens, der Brausemann hat mir noch 500 Euro geschuldet, weil ich ihm verraten hab', wie er am besten an die Agnes und an den Bauernhof herankommen könnt'«, flunkerte Schorsch und wartete ab, ob es funktionierte.
»Naja, Schorsch, die 500 Euro könntest Du auch von mir haben«, antwortete Rindshofer zu Schorschs Zufriedenheit.
»Gut, dann mach' ich jetzt gleich den Deckel zu«, sprach Schorsch und schob mit seinem rechten Fuß den Deckel über die Luke, die Brausemann zum Verhängnis wurde. Die erste Pauschale war also geritzt, dachte sich Schorsch, bevor er weiter ausführte:
»Aber außerdem hab' ich zuvor noch alles g'sehen, was Du g'macht hast, Rindshofer. Alles! Versteh' mich richtig, Rindshofer! Alles!«, setzte Schorsch fort.
»Ja also, was hast Du dann für einen Vorschlag, Schorsch?«, fragte Rindshofer.
»Das weiß ich jetzt noch nicht. Dazu gibst Du mir am besten mal Deinen Lohnzettel und einen Überblick über Deine Ersparnisse. Ich bin ja schließlich kein Blutsauger und will Dich nicht überstrapazieren. Aber die 500 Euro, die mir der tote Juristenzipfel geben wollt', die sind auf jeden Fall schon gesetzt!«, antwortete Schorsch.
»Bis wann und wo soll ich Dir das Geld, den verlangten Lohnzettel und die Aufstellung über mein Sparguthaben übergeben, Schorsch?«, fragte Rindshofer. Selbstverständlich hatte Rindshofer überhaupt keine Lust, Schorsch irgendetwas zu bezahlen. Er wollte Schorsch nur ruhigstellen und seinen guten Willen signalisieren, um Zeit für die

Entwicklung eines Plans zu gewinnen. Heute würde ihm ein solcher angesichts seiner Erregung nicht mehr einfallen. Überstürzt wollte Rindshofer auch nicht handeln. Deshalb kam es für ihn jetzt darauf an, Schorsch zu beschwichtigen. Schorsch war dagegen vom geringen Widerstand Rindshofers überrascht und freute sich, dass es anscheinend wie geschmiert lief. Daher wollte er gleich Nägel mit Köpfen machen und antwortete:
»Morgen muss ich für die Agnes Siloballen pressen. Auf der Jägerwies'n zwischen Martinszell und Schlickenried. Um 10.00 Uhr können wir uns da treffen!«
»Gut Schorsch, um 10.00 Uhr auf der Jägerwies'n. Ich bring' Dir das Geld und die anderen Unterlagen mit«, erklärte sich Rindshofer einverstanden, hatte aber viel Heimtücke im Blick. Denn Rindshofer war klar, dass er bis morgen 10.00 Uhr einen raffinierten Plan ausgeheckt hatte, um Schorsch still und heimlich zu erledigen. Vielleicht konnte er es schon morgen, auf der Jägerwiese, wie einen unglücklichen Arbeitsunfall aussehen lassen, überlegte Rindshofer.
»Gut! Deinen Stiefel nehm' ich als Sicherheitsleistung mit«, antwortete Schorsch und verabschiedete sich:
»Servus Rindshofer, bis morgen um 10.00 Uhr.«
»Bis morgen, Schorsch«, erwiderte Rindshofer arglistig.

Rindshofers zweiter Versuch, Maximas Flucht und Trabants Ralley im Radkasten

Nur mit seinem linken Stiefel bekleidet humpelte Rindshofer zurück zu seiner Leiter, die unbenutzt am Balkon des Wohnhauses des Kiesburgerhofs lehnte. Zur Überraschung von Rindshofer ging dort oben nun ein Licht an. Es schimmerte durch eine der Balkontüren, hinter der eine zarte Hand gerade einen gelb-roten Vorhang zuzog. Jetzt ging das Licht aus und es wurde dunkel. Aber nur für einen kurzen Augenblick. Denn schon wurde es wieder hell hinter dem Vorhang. Gleich darauf wurde es wieder dunkel.
»Aha, aha, ui, ui«, hauchte Rindshofer ganz still vor sich hin, »die Agnes sendet mir ein Signal, dass sie jetzt für mich bereit is' und will mich hinauflocken.«

Sicher wäre ihm Agnes beleidigt, wenn er ihre Lichthupe ignorieren würde. Sie hatte ja von der Hetzjagd und dem Ableben des Staatsanwalts sicher nichts mitbekommen und würde ihm vielleicht nur heute diesen einen Versuch erlauben. Womöglich müsste er sie wochenlang anbaggern, bis sie ihm eine zweite Chance auf sie und damit auch auf den schönen Kiesburgerhof gäbe – wenn er eine zweite Chance überhaupt erhielte. Sicherlich waren noch mehr Aspiranten auf Agnes und vor allem den Hof scharf. Außerdem erinnerte ihn der von den Lichtstrahlen abwechselnd erhellte gelb-rote Vorhang an das Blinken in den Fenstern der ihm bestens bekannten Etablissements in der Landeshauptstadt und hinter der Tschechischen Grenze, was ihn nun zusätzlich sexuell berauschte. Sollte er es also trotz oder gerade wegen der unglücklichen Vorkommnisse in Verbindung mit dem unappetitlichen Ableben von Brausemann in dieser Nacht noch wagen? Leicht erregt, aber auch aufgeregt und hin- und hergerissen, stand Rindshofer neben seiner Leiter. Er kratzte mit seinem rechten Zeigefinger an einer Sprosse herum und blickte einige Zeit lüstern nach oben, wo das Blinklicht lockte. Zwar hatte er vor einigen Minuten einen Menschen in den Tod getrieben. Aber Liebe und Tod liegen nahe beieinander und stacheln sich nicht selten gegenseitig an. Schon Sigmund Freud, von dem Rindshofer natürlich nichts wusste, wies auf die zentrale Bedeutung von Liebes- und Todestrieb für das Leben eines Menschen hin. Nach Freud wären beide Triebe oft kaum unterscheidbar, träten als enge Verbündete in Erscheinung und würden sich gegenseitig stimulieren. Eine derartige stimulierende Wirkung hatte offensichtlich der schreckliche Gülletod des Staatsanwalts im Zusammenspiel mit dem gelb-roten Blinklicht für Rindshofer. Denn im Sepp kam nun ein mächtiger Libidostrom auf, der nach möglichst ungehemmter Befriedigung verlangte. Kurz sah sich Rindshofer um, ob er Schorsch noch irgendwo erspähen konnte. Aber der hatte sich längst aus dem Staub gemacht. Schorsch lag bereits zufrieden – aber ungewaschen – in seinem Bett. Nachdem er mit einer Halben Weißbier eine kleine Munddusche hinter sich gebracht und den Stiefel von Rindshofer unter seinem Bett deponiert hatte, träumte Schorsch bereits von seiner Schwarzgeldschachtel, die sich aus der Hand von Rindshofer bis zum Überlaufen füllte.

»Niemand da«, dachte sich der inzwischen vollends dem Liebestrieb verfallene Rindshofer unter dem Balkon des Kiesburgerhofs mit der Leiter in der Hand.
»Kruzifix, dann rauf auf den Balkon und dann rein in die Kammer zur Agnes«, befahl die Libido und der Rindshofer Sepp gehorchte gerne. Schnell überwand er die dreizehn Leitersprossen, schwang sich über die Balkonbrüstung und stand nun vor der Balkontür, die nur angelehnt war. Dahinter hörte nun das Blinken auf. Es war stockdunkel.
»Aha, jetzt hat sie das Licht abgedreht. Die erwartet mich also schon. Braves Mädel, braves Mädel«, freute sich Rindshofer. Noch auf dem Balkon zog er den verbliebenen linken Stiefel aus und lagerte ihn vor der Tür. Dem Stiefel, in dessen Profil noch einige kleine Blutreste von Brausemanns Fingern hingen, folgte nun die Hose, dann das Hemd, dann die Socken und schließlich das Unterhemd. Bis auf die Unterhose stand Rindshofer nun völlig befreit von lästiger Kleidung vor der Balkontür. Sachte drückte er dagegen. Die Tür öffnete sich langsam nach innen. Rindshofer zog den Vorhang zurück und schlich leise auf Zehenspitzen in das dunkle Zimmer hinein. Mit seiner rechten Hand ertastete er das Bettgestell und dann das Bettlaken, mit dem die Matratze bespannt war. Jetzt spürte er das weiche und mit Daunen gefüllte Federbett.
»Das Bett riecht aber nicht gerade frisch«, kam es Rindshofer in den Sinn.

»Aber egal«, dachte er sich. Da musste er jetzt im wahrsten Sinne des Wortes durch, um sich dann an Agnes heranzukuscheln. Vorsichtig hob Rindshofer die Decke an, schob seinen Körper langsam in das Bett und fuhr mit seiner rechten Hand zu Agnes hinüber. Schon spürte er ihre warme Haut an ihrem Rücken und dann an ihren Rippen. Ja, flach und dürr war sie, die Kiesburger Agnes. Aber weiter vorne, da musste es doch auf jeden Fall etwas ausgefüllter werden, war sich der Rindshofer Sepp sicher. Deshalb tastete er sich mit seiner rechten Führhand in freudiger Erwartung über die etwas harten Rippen weiter nach vorne. Aber es deuteten sich keine weichen Erhebungen an. Zwei hatte er erwartet, aber schon war seine Rechte an der Vorderseite von Agnes durch, ohne auf die so sehnsüchtig erhofften Erhebungen zu treffen. Natürlich war Agnes nicht nur dürr, sondern auch flach. Das war allseits bekannt und das hatten ihm die Stammtischbrüder beim Zieglerbräu bereits mit vielen gestenreichen Umschreibungen gesagt. Aber, dass überhaupt nichts zu finden war, überraschte Rindshofer bei seiner Expedition über Agnes' Oberkörper nun doch. In ähnlicher Weise überraschte ihn die kleine zarte Hand, die er nun statt den unauffindbaren Wölbungen zu streicheln begann und von der er hoffte, sie würde auch ihn streicheln – egal wo. Stattdessen ertasteten Rindshofers Fingerkuppen etwas Feuchtigkeit. Deshalb fasste Rindshofer jetzt etwas fester in die Bettlaken. Daraufhin verwandelte sich die anfängliche Feuchtigkeit in Nässe, warme dampfende Nässe. Nicht nur seine Hand, sondern Rindshofers ganzer Körper schreckte reichlich angeekelt zurück. Und seine Gehirnwindungen erinnerten sich an den unverblümten Hinweis seiner Stammtischbrüder beim Zieglerbräu: »Neben dem Bauernhof kriegst Du nämlich nicht nur die Agnes, sondern auch den kleinen Hansi, den Bettnässer«. Just in diesem Augenblick zuckte der Mensch, den der Rindshofer Sepp vor kurzem noch für Agnes hielt, aufgeschreckt hoch:
»Wäh, wäh, Hilfe, Hilfe, Mama, Mama!«, fing der kleine Hansi gerade zu schreien an und strampelte sich die Bettdecke vom Körper. Ein beißender Uringestank waberte nun unter der angehobenen Decke heraus und nahm sogleich das ganze Zimmer in Beschlag, das Rindshofer fälschlicherweise mit der Schlafkammer von Agnes verwechselt hatte. So schnell wie selten zuvor sprang Rindshofer aus dem Bett, in dem der kleine Hansi wie wild mit seinen Armen und Beinen

um sich schlug. Rindshofer riss die Balkontür auf, fasste sich die am Balkonboden abgelegten Kleidungsstücke und trat über die Leiter die Flucht nach unten an. Ohne sich anzuziehen, raste er mit der Leiter in seiner Rechten und seinen Klamotten in seiner Linken die Hofeinfahrt hinaus. Völlig außer Puste erreichte er auf der Hauptstraße endlich den dort zuvor abgestellten John Deere. Erst im Führerhaus des Traktors begann er damit, sich sein Gewand überzuziehen. Aber ein Kleidungsstück fehlte. Nachdem ihm Schorsch bereits den rechten Gummistiefel abgenommen hatte, fehlte dem Rindshofer nun auch noch der linke Stiefel. Den hatte er zu seinem Ärger auf dem Balkon vergessen.

Inzwischen wurde Agnes durch die lauten Hilferufe ihres Sohnes geweckt und lief über den Gang in das Kinderzimmer, um den kleinen Hansi zu beruhigen. Aber der brauchte nur einige sanfte Streicheleinheiten über seinen Kindskopf, um gleich wieder einzuschlafen. Schon nach wenigen Minuten schlummerte er wieder zufrieden in seinem feuchten Urinbiotop und träumte – wie so oft –, er würde im Holzkirchner Schwimmbad verzweifelt eine Toilette suchen. Aber alle Kabinen waren leider schon wieder besetzt, und zwar von seinem Onkel Schorsch, von seinem verstorbenen Vater Jakob, von Dr. Zollner, von Pfarrer Dobler, von Kaplan Swulsky, von der alten Kiesburgeroma, von … Und weil alle Toilettenkabinen besetzt und verschlossen waren, lief er in seinem Traum von der Toiletten-Abteilung wieder zurück und sprang ins Schwimmbad, um dort seine Notdurft zu verrichten.

Unterdessen hatte Agnes die offene Balkontür entdeckt und trat hinaus. Dabei wäre sie fast über den Stiefel vom Rindshofer gestolpert. Sie bückte sich und nahm das Beinkleid verwundert in ihre Hand. Sie prüfte es eingängig und dachte nach. Dann nickte sie. Sie kannte den Stiefel bestens, schließlich hatte sie den Sepp heute am Spätnachmittag ganz genau von oben nach unten gemustert.
»So eine perverse Drecksau, so eine perverse. Macht mir den Hof, aber vergreift sich dann an meinem kleinen Hansi! So kann man sich in den Männern täuschen! Pfui Teufel!«, rief Agnes voller Abscheu in die Nacht hinaus und kam über den Rindshofer Sepp zu einem eindeutigen Urteil.

Höchst enttäuscht und voller Wut über sich selbst fuhr der strumpfsockige Rindshofer mit seinem John Deere bereits in die Martinszeller Siedlung hinein, in der auch Schorsch sein Haus hatte. Während er Staatsanwalt Brausemann fast aus seinem Gedächtnis gestrichen hatte, ärgerte er sich mächtig über seinen völlig verunglückten Auftritt beim Fensterln und vor allem über die verlorenen Stiefel. Als wenn er das landwirtschaftliche Fahrgerät, in dessen Führerhaus er jetzt Platz genommen hatte, für seine eigenen Missgeschicke büßen lassen wollte, gab er so fest Vollgas, dass er das Pedal fast durch die Bodenplatte des Führerhauses drückte. Der John Deere vom Maschinenring war lediglich auf eine maximale Geschwindigkeit von 50 Stundenkilometern zugelassen. Aber der Sepp drückte so fest auf das Pedal, dass die Tachonadel nun schon bei 60 km/h vibrierte. Aus seiner Sitzposition hatte sich Rindshofer längst aufgerichtet und fuhr den Traktor nun im Stehen, um noch mehr Gewicht auf den Gashebel zu bringen.

»Kruzifix, Kruzifix! Scheißdreck, Scheißdreck! Ihr könnt mich alle mal …! Scheiße! Scheißdreck! Scheißdreck!«, schrie Rindshofer wie von Sinnen und noch dazu im Stehen durch die Fensterfront des Führerhauses. Weil sein Blick dabei nicht nur auf die Straße, sondern abwechselnd auch noch auf seine Wollstrümpfe fiel, die ihn an seine fehlenden Gummitreter erinnerten, schrie er immer lauter. Rindshofers Schreie waren inzwischen fast lauter als das Motorengeräusch des Traktors, der unter ihm ächzte. Da stutzte sogar die vom Grundstück von Schorsch fliehende Maxima, die Hauskatze. Auf flinken Beinen nahm sie gerade Reißaus vor dem Pinscher der Waffelbrüche. Trabant hatte Maxima unter einem Holzstoß, den Schorsch vor längerer Zeit aufgestapelt hatte, aufgespürt und war damit beschäftigt, der Katze nachzujagen. Aber plötzlich setzte die raffinierte Maxima einen Haken und lief nun geradewegs auf die Dorfstraße, die der laut brüllende Rindshofer mit seinem John Deere entlangdonnerte. Obgleich er bei weitem nicht mehr der jüngste war, hetzte Trabant voller Jagdfieber hinterher.

»Sauviecher! Sauviecher! Weg da …!«, schrie Rindshofer so laut er konnte. Während es Maxima noch über die Straße schaffte, war es für Trabant längst zu spät. Er hatte sich mit seinem Halsband in der

Felge des rechten Hinterreifens verfangen und drehte schon die erste Runde im Radkasten des Traktors. Es folgten noch vier bis fünf Umdrehungen, dann brachte Rindshofer seinen Bulldog endlich zum stehen.

»Blöder Hund! Du blöder Köter! Jetzt hab' ich mit Dir auch noch Arbeit!«, rief Rindshofer zu dem arg gebügelten Trabant hinunter. Aber Trabant hörte nichts mehr, weil er schon nach der dritten Radkastenumkreisung das Zeitliche gesegnet hatte. Rindshofer stieg aus dem Führerhaus und war zunächst etwas unentschlossen darüber, wo er den leblosen Hundekörper entsorgen sollte. Für eine größere Bestattungsaktion hatte er weder Zeit, noch verfügte er über die richtige Bekleidung. Schließlich fehlten ihm seine Stiefel. Er war nur mit seinen Socken unterwegs. Sepp rätselte herum. Dann beschloss er, den Hund in die schwarze Restmülltonne zu stopfen, die er vor dem kleinen Siedlungshaus sah, aus dessen Garten die Katze und der Hund herausgeschossen kamen. Dann machte er sich an die Arbeit. Rindshofer tapste in seinen Socken zu dem Haus und zog den plattgefahrenen Trabant an den Hinterläufen hinter sich her. An der Tonne angekommen, hob er den Plastikdeckel und schleuderte den toten Hund hinein. Auf der gegenüberliegenden Straßenseite beobachtete Maxima die Geschehnisse. Zufrieden maunzte sie von dort ein dreifaches »Miau, Miau, Miau«.

Rindshofer hatte sich schon längst wieder aus dem Grundstück geschlichen, wo Trabant seinen Frieden fand. Er saß seit einigen Minuten nachdenklich in seinem Führerhaus. Dann drehte er den Zündschlüssel. Der Motor sprang an und Rindshofer fuhr nun sehr langsam die Hauptstraße hinunter – aber nicht, weil er vom Tod Trabants, dem Tod von Brausemann oder gar von seinem Rendevouz mit Hansi geschockt gewesen wäre. Vielmehr dachte er emsig darüber nach, wie er Schorsch ausschalten könnte. Trabants Radkastenralley erschien ihm als gute Vorlage für das, was er mit Schorsch am nächsten Morgen beabsichtigte. Die Jägerwiese war dafür bestens geeignet. Nur ein schmaler und wenig befahrener, aufgekiester Feldweg, der von der Leonhardikirche nach Ried reicht und dann nach Martinszell abzweigt, führt dort an der kürzeren Seite der Wiese vorbei. Von diesem an der Jägerwiese angrenzenden Weg bis nach ganz hinten, wo die Jägerwiese auf der einen Seite fast bis an den Waldrand des bekannten Guts Schlickenried und auf der anderen Seite bis an das Moor und den Wald vom Spindlerbauer heranreicht, sind es bestimmt rund 100 Meter. Dort hinten gibt es sogar eine Senke, die völlig uneinsehbar ist. Der Rindshofer war erst letzte Woche darauf gestoßen. An einem Spätnachmittag hatte er im Moor Torf gestochen und war durch einige Rehe, die plötzlich für kurze Zeit dort verschwanden, auf die Senke aufmerksam geworden.

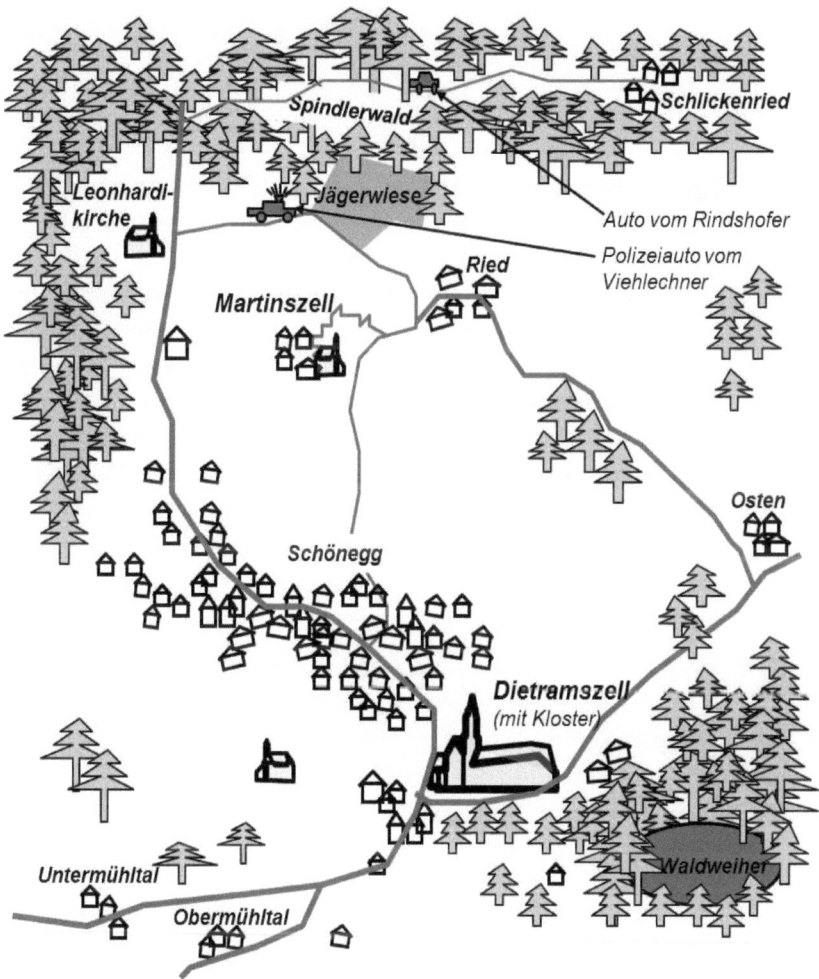

Vereinfachte Landkarte zur Positionierung der Jägerwiese – zwischen Leonhardikirche, Spindlerwald, Schlickenried, Ried und Martinszell

»Ein hervorragendes Plätzchen, um den Schorsch durch einem Arbeitsunfall aus dem Weg zu räumen«, freute sich Rindshofer und wusste nicht, wieso sein Lenkrad plötzlich so übel roch. Jetzt führte er seine rechte Hand zu seinem Riechkolben und verdrehte gleich darauf sein Gesicht.
»Der Dreckköter, diese Sau!«, urteilte Rindshofer laut und verächtlich. Selbstverständlich lag er mit seiner Vermutung richtig. Denn so sehr sich die Waffelbrüche am Spätnachmittag vor Schorschs Haus auch mühten, um Trabants Pfoten zu reinigen, einige Restposten der stinkenden Hundeexkremente hielten sich hartnäckig zwischen den Ballen und Krallen des Vierbeiners. Sepp Rindshofer ließ sich von dem üblen Geruchsintermezzo jedoch nur kurz ablenken und stierte nun wieder völlig in dunkle Gedanken versunken durch die Windschutzscheibe seines langsam dahinrollenden John Deere. Er musste Schorsch nur möglichst weit in den hinteren Teil der Wiese und am besten bis zur Bodensenke locken. Dann musste es ihm irgendwie gelingen, Schorsch für einige Sekunden auszuschalten. Anschließend könnte er Schorsch mit einem möglichst harten Gegenstand niederschlagen und dann vor die großen Hinterreifen des Traktors schleifen. Bei diesem Gedanken trat Rindshofer wieder mit aller Gewalt auf das Pedal, gab Vollgas und rief voller Hass und wie verrückt:
»Und dann drüber! Drüber, drüber, mit Vollgas über den Depp! Drüber über den Blutsauger! Drüber über den Erpresser!«

Rundballenpresse und Blinklicht zwischen Leonhardikirche und Martinszell

»Guten Morgen Agnes«, begrüßte Schorsch seine Schwägerin vor der Garage. In der stand der Fendt, den er heute brauchte, um auf der Jägerwiese Siloballen zu pressen.
»Guten Morgen Schorsch. Du bist aber pünktlich«, grüßte Agnes zurück und schätzte es sehr, dass Schorsch ihr zur Hand ging und den Termin nicht vergessen hatte.
»Du nimmst den Fendt, oder?«, fragte Agnes.
»Freilich Agnes. Den Fendt. Der bringt uns ja Glück, wenn Du Dich erinnerst, was ich meine«, grinste Schorsch zu Agnes hinüber und spielte damit auf das damalige seltsame Ableben seines Bruders und dessen Liebschaft auf dem Heuhaufen hinter dem Laufstall an. Und natürlich erinnerte sich Agnes:
»Ja richtig, der hat uns damals viel Glück gebracht. Und dem Hansi natürlich auch. Der brave Bub, der Hans im Glück, ha, ha, ha«, entgegnete sie.
»Ja übrigens, wie geht's denn dem kleinen Hansi?«, erkundigte sich Schorsch über seinen Neffen. Mit seiner beiläufigen Frage traf er bei Agnes voll ins Schwarze:
»Ach Schorsch. Der nässt mir wieder ins Bett hinein, der arme Kerl. Ich weiß nicht, wann der die Bettnässerei endlich überwindet«, schilderte Agnes ihre Not mit ihrem Buben.
»Ich hab' mir gedacht, nach dem Tod vom Jakob is' das besser geworden«, antwortete Schorsch überrascht, während er sich auf den Fendt schwang.
»Das war anscheinend nur ein Zwischenhoch. Gestern war wieder das ganze Bett völlig durchnässt«, gab Agnes bekannt und heulte nun los:
»Und stell Dir vor, Schorsch. Stell Dir vor, der Sepp, der Rindshofer Sepp, der ...«, schluchzte Agnes, brachte aber keinen weiteren Ton heraus.
»Ja was is' jetzt mit dem Rindsschädel«, fragte deshalb Schorsch etwas genervt nach.
»Der Rindshofer, der Rindshofer ... der is' pervers«, stieß es nun aus Agnes heraus.

»Wieso, was hat er denn mit Dir gemacht, Agnes?«, fragte Schorsch neugierig nach.
»Mit mir fragst Du? Mit mir nix, leider«, antwortete Agnes und fuhr dann fort:
»Der Sepp is' nicht bei mir zum Fensterln kommen, sondern stell Dir vor, der is' beim Hansi hinein. Stell Dir vor Schorsch, zum Hansi is' der Sepp.«

Im Gegensatz zur enttäuschten und erzürnten Agnes, die sich nicht das erste Mal als etwas begriffsstutzig entlarvte, deutete Schorsch die Ursache richtig. Schorsch war sich sicher, dass sich Rindshofer lediglich die falsche Balkontür ausgesucht hatte. Aber Schorsch gönnte dem Sepp diesen Fehlgriff und ließ Agnes in ihrem Glauben, dass sich Rindshofer mehr für Hansi als für sie interessierte. Ein solcher Dissenz zwischen Agnes und Rindshofer würde ihm, Schorsch, nicht schaden. In Verbindung mit dem Gerücht, der Rindshofer hätte es auf kleine Buben abgesehen, ließe sich vielleicht sogar noch zusätzlich Kapital schlagen.

Während der kurzen Konversation über den Rindshofer Sepp wurde Schorsch an den Termin erinnert, den er um 10.00 Uhr auf der Jägerwiese hatte. Er hatte nur noch fünf Minuten. Deshalb versuchte er an die Adresse von Agnes ein tröstendes Wort, um sich dann möglichst schnell auf den Weg zu machen:
»Naja, Agnes, irgendwann, spätestens dann, wenn er mal heiratet, dann wird er das los.« Schorsch war damit klar, wen er meinte. Für Agnes blieben jedoch Fragezeichen. Meinte Schorsch nun ihren Hansi oder den Sepp? Noch bevor sie nachfragen konnte, setzte aber schon wieder Schorsch an, weil er es jetzt sehr eilig hatte:
»Die Pressmaschine, wo is' die?«
»Die Press' is' schon längst draußen auf der Jägerwies'n. Und aufgerichtet sind die Bahnen dort auch schon. Schorsch, Du brauchst nur noch die Ballen pressen! Insgesamt müssten es rund 20 sein!«, rief Agnes laut in das Führerhaus, weil Schorsch bereits den Zündschlüssel umgedreht und den Motor gestartet hatte.
»Gut Schwägerin! Bis zum Mittagessen hab' ich die Ballen bestimmt fertig. Du schickst mir aber bitte vorher den Hansi mit ein paar Flascherl Bier auf's Feld, gell? Heut wird's nämlich heiß, sehr heiß!«,

schrie Schorsch noch zu Agnes zurück, während er mit dem schweren Fendt mit Vollgas die Hofeinfahrt hinausfuhr. Selbst wenn es kein besonders sonniger Tag würde, heiß würde es auf der Jägerwiese auf jeden Fall zugehen, war sich Schorsch sicher. Immerhin waren mit dem Rindshofer Sepp 500 Euro ausgemacht. Und auf die Sparkonten und den Lohnzettel von seinem neuen Arbeitskollegen war er auch schon sehr gespannt.

Schorsch hatte bereits zwei Siloballen mit der am Fendt angehängten Rundballenpresse gepresst und mit einer grünen Folie straff und glatt umwickelt. Aus Gründen der Rationalisierung kam auf dem Kiesburgerhof seit einigen Jahren eine so genannte Press-Wickelkombination zum Einsatz. Um den Silierprozess nicht zu verzögern, erlauben derartige Press-Wickelkombinationen nach dem Pressen und Verdichten des aufgenommenen Grases ein sofortiges Wickeln und eine unverzügliche Sauerstoffabschließung. Der gewünschte Gärprozess kann so unverzüglich einsetzen. In die Wickelvorrichtung hatte Agnes am gestrigen Vormittag die grüne Folie eingelegt, die Schorsch noch vor seiner Abreise nach Italien bei der Baywa in Holzkirchen gekauft hatte. Natürlich wusste Schorsch, dass sich nach Aussagen von Experten weiße Folien unter Sonneneinstrahlung weniger erwärmen, was für einen gleichmäßigen Gärungsverlauf im Ballen grundsätzlich besser wäre. Aber der sachkundige Verkäufer bei der Baywa hatte ihm zur grünen Wickelfolie geraten, weil sich diese vor allem farblich viel besser in das natürliche Landschaftsbild einfügen würde. Schorsch lachte jetzt auf seinem Fendt kurz und laut auf, als er sich an das Verkaufsgespräch erinnerte. Denn nachdem ihm der Verkäufer gesagt hatte, dass es auch dunkelgraue und schwarze Folien gäbe, erwiderte Schorsch, diese würden sich besonders auf den Wiesen in der Umgebung des Martinszeller Friedhofs, dem Kreuzacker, gut in die Landschaft einfügen. Nach der heiteren Unterhaltung hatte sich Schorsch damals für eine besonders reißfeste und gut haftende grüne Folie mit hoher UV-Beständigkeit entschieden, die nur drei- bis vierlagig um den Siloballen zu wickeln war. Überdies kam hinzu, dass diese Wickelfolie über einen hervorragenden Luftabschluss verfügte, der den Gasaustausch zwischen Ballen und Umgebungsluft in Sekundenschnelle und dauerhaft auf ein Minimum reduzieren konnte.

Inzwischen war es schon 15 Minuten nach zehn Uhr. Schorsch hegte bereits erste Zweifel, ob der Rindshofer Sepp den vereinbarten Termin einhalten würde. Erst als die Förderzinken der Pressmaschine die erste Bahn für den dritten Ballen in die Trommel hineinzuschaufeln begann, tauchte Rindshofer endlich auf dem Feldweg neben der Jägerwiese auf. Schorsch schaltete den Fendt vom zweiten auf den ersten Gang und schließlich auf den Leergang herunter, bevor er ihn anhielt. Weil Schorsch den Motor nicht abstellte, tuckerte der Fendt munter weiter. Deshalb musste Rindshofer laut schreien, um sich bei Schorsch Gehör zu verschaffen:

»Mein Auto is' kaputt! Bin deshalb zu Fuß da und etwas spät dran!«, flunkerte Rindshofer. In Wirklichkeit hatte sich Rindshofer nach reiflicher Überlegung dafür entschieden, dass es günstiger wäre, ohne Auto zu kommen. Denn nach erfolgreich vollendeter Tat hielt er es für günstiger, sofort durch den nahegelegenen Wald hinter der Jägerwiese zu Fuß Richtung Schlickenried verschwinden zu können, wo er sein Auto auf dem Waldweg geparkt hatte.

»Is' schon gut, Rindshofer!«, rief Schorsch zurück, während er behäbig aus dem Führerstand seines Traktors zu Rindshofer hinabstieg. Unterdessen hatte sich Rindshofer auf der Höhe des großen linken Hinterreifens neben dem Fendt postiert.

»Hast Du meinen Gummistiefel dabei, Schorsch?«, fragte Rindshofer fordernd.

»Freilich. Da schau her«, antwortete Schorsch und hielt Rindshofers Stiefel in die Luft.

»Dann her damit, sofort!«, forderte Rindshofer Schorsch zur Übergabe auf.

»Hier bitte«, entgegnete Schorsch und überreichte Rindshofer den Stiefel, den sich dieser gleich schnappte.

»Und wie sieht es mit Deinen Sachen aus, Rindshofer?«, fragte nun Schorsch.

»Natürlich hab' ich die dabei, wie ausgemacht«, gab Rindshofer zurück.

»Also, dann gib mir die Sachen«, forderte Schorsch nun die Gegenleistung.

»Hier Schorsch. Die 500 Euro, der Lohnzettel und meine zwei Sparbücher. Wie von Dir gewünscht«, sprach Rindshofer mit viel Argwohn im Blick. Er streckte Schorsch die Unterlagen hin. Aber kurz

bevor Schorsch zugreifen konnte, ließ Rindshofer die Sachen aus seinen Händen gleiten und zu Boden fallen – oder besser gesagt, er warf sie zu Boden, und zwar genau hinter den mannshohen linken Hinterreifen des laufenden Traktors.
»Oh, oh, oh. Entschuldigung, Schorsch. Wie ungeschickt von mir«, heuchelte Rindshofer.

Etwas genervt beugte sich Schorsch mühsam und nichtsahnend zu den Unterlagen hinunter. Dabei verschwand sein korpulenter Körper hinter dem Traktorreifen. Während er sich nach unten bückte und etwas in die Knie ging, schob er seinen Allerwertesten nach hinten, weshalb dieser das grobe Profil des Gummireifens küsste. Jetzt griffen Schorschs Hände bereits nach den fünf Hundertscheinen, den Sparbüchern und dem Lohnzettel, die direkt unterhalb des Reifens lagen. Unterdessen sprang Rindshofer mit einem Satz in das Führerhaus des Traktors. Sofort drückte er mit seinem linken Fuß die Kupplung und wollte schon in den Rückwärtsgang schalten, um seinen Widersacher mit dem schweren landwirtschaftlichen Gerät zu überrollen.

Aber plötzlich heulte auf dem Feldweg die Sirene eines Polizeiautos auf. Sofort zuckte Rindshofer mit seinem Fuß von der Kupplung zurück und nahm seine Hand vom Ganghebel. Schorsch hatte sich zwar noch das Geld und die anderen Unterlagen unterhalb des Hinterreifens schnappen und in die Brusttasche seines Arbeitskittels stecken können. Dann sprang er aber sofort wieder hoch, um aufgeregt nachzusehen, woher die anhaltenden Sirenentöne kamen. Schorsch kannte das Auto und seinen Lenker:
»Der Viehlechner mit seinem Polizeiauto! Der Viehlechner!«, schrie Schorsch, der natürlich bemerkt hatte, dass ihm Rindshofer eine Falle stellen wollte. Gleich noch einmal setzte Schorsch an und rief zu Rindshofer:
»Der Viehlechner! Der Viehlechner mit seinem Polizeiauto! Der hat wahrscheinlich den Brausemann entdeckt und ermittelt jetzt gegen Dich. Rindshofer, versteck Dich, schnell!«
Rindshofer war noch völlig verschreckt und durcheinander und stellte nicht in Zweifel, was Schorsch gesagt hatte. Reichlich verdutzt rief er deshalb Schorsch zu:

»Ja, Schorsch, ja Schorsch, wohin? Wohin denn?«
Schorsch wusste zunächst auch keinen Rat. Aber dann schrie er laut zurück:
»In die Press', in die Press', schnell!«

Etwas unangenehm war es dem Rindshofer schon, in das nur rund einen guten Meter breite und gefräßige Maul der vor ihm stehenden Trommel zu springen, die sonst gierig wie ein Vielfraß das gemähte Gras in sich hineinstopfte, um es dann zu prallen Ballen zu pressen. Zwar lief der Traktor noch, aber die Zapfwelle, über den der Traktor die Rechen und die Presse sowie den Wickelaufsatz antreibt, war selbstverständlich über den im Führerhaus befindlichen Handschalter nicht betätigt. Deshalb befand sich das Gerät im Stillstand. Es gab also für Rindshofer kein sichtbares Risiko, zumal Schorsch nun auf das Auto zuging, das sich – eingehüllt in eine riesige Staubwolke – mit rasender Geschwindigkeit auf dem Feldweg näherte. Außerdem war für Rindshofer weit und breit kein besseres Versteck in Sicht. Und in der Trommel würde ihn der Viehlechner bestimmt nicht vermuten. So sprang Rindshofer nun ohne zu zögern hinein.

Jetzt ging Schorsch einige Meter weiter Richtung Feldweg und schrie dem bremsenden Polizeiauto entgegen:
»Ja Viehlechner, was is' denn mit Dir los!?«, rief Schorsch in das nur einen dünnen Spalt heruntergekurbelte Fenster des Polizeiautos hinein, das erst nach einer kurzen Rutschpartie auf dem grob gekiesten Feldweg neben der Wiese zum Stehen kam. Aber Viehlechner verstand hinter seinem Lenker kein Wort, weil die lauten Rutschgeräusche des Wagens Schorschs Frage übertünchten. Außerdem konnte der Polizist erst nach der Betätigung der Handbremse und nachdem die Staubwolke einigermaßen verflogen war, Schorschs Umrisse erkennen. Dann kurbelte er das Seitenfenster des Wagens ganz nach unten und horchte nach draußen. Schorsch registrierte langsam, dass Viehlechner zunächst nichts hören konnte und versuchte es deshalb noch einmal:

»He Viehlechner, spinnst Du!? Brennt Dir Deine Platt'n unter Deiner Polizeihaub'n!? Was is' denn los, dass Du wie ein Irrer mit Deinem

Blaulicht durch die Gegend hetzt!?«, rief Schorsch in das geöffnete Seitenfenster hinein.

»Keine Beamtenbeleidigung, Schorsch, sonst gibt's eine Bußgeldverwarnung! Die Sache ist außerdem nicht zum Lachen, sondern sehr ernst, Schorsch!«, schrie Viehlechner etwas unscharf und verklausuliert hinaus und regte damit Schorschs Interesse an.

»Is' schon gut, Viehlechner. Sag schon, was is' los? Wirklich eine ernste Sach'?«, fragte Schorsch noch einmal etwas weniger provokant.

»Ja, Schorsch, wirklich eine ganz ernste Sach'! Ganz ernst, ehrlich! Wir sind nämlich zu Deinem Haus unterwegs!«, rief Viehlechner hinaus. Schorsch fiel auf, dass der Polizist schwitzte und etwas aufgeregt war. Sicher lag das an der »ganz ernsten Sach'«. Außerdem hatte der Polizist anscheinend seinen ganzen fahrerischen Einsatz aufgeboten, um den Blaulichtwagen in der Spur zu halten. Andererseits gefiel es Viehlechner aber auch, wenn er einen Grund dafür hatte, sein Polizeiauto mit heulender Sirene und Blinklicht durch das Gemeindegebiet von Dietramszell zu jagen.

»Wieso wir, und wieso zu meinem Haus?«, rief Schorsch fragend in den Wagen hinein, wo er nun auf der Rückbank auch Dr. Zollner sitzen sah, der sich krampfartig an seiner alten speckigen Arzttasche festhielt.

»Ich hab' den Dr. Zollner dabei. Und wir fahren zu Deinem Haus, weil da anscheinend einer einen Herzinfarkt hat!«, antwortete Viehlechner laut, während vom Rücksitz Dr. Zollner mit einem lustigen Grinsen zu Schorsch hinausgrüßte. Der Dorfarzt genoss vermutlich ebenso wie Viehlechner die blaulichtuntermalte Raserei und kam sich auf dem Rücksitz sehr wichtig vor. Jetzt rief auch noch Dr. Zollner Schorsch entgegen:

»Schorsch, komm', spring rein zu uns! Der Einsatz ist eine Riesengaudi! Außerdem liegt der Mann vor Deinem Haus!«, versuchte Dr. Zollner, Schorsch in den Wagen zu locken. Aber viel Überzeugungsarbeit war nicht erforderlich, um Schorsch zur Mitfahrt zu bewegen. Denn einerseits saß Schorsch noch Rindshofers Absicht in den Knochen – der wollte ihn offenbar mit dem Traktor überrollen und die ganze Angelegenheit dann wie einen unglücklichen Arbeitsunfall aussehen lassen. Der Dorfpolizist und Dr. Zollner boten Schorsch daher eine ideale Fluchtmöglichkeit – und das sogar noch mit dem

Geld, dem Lohnzettel und den Sparbüchern von Rindshofer in der Brusttasche seines abgewetzten Arbeitskittels. Auf der anderen Seite war Schorsch schon sehr gespannt darauf, welchen der Waffelbruchmänner es vor seinem Siedlungshaus getroffen hatte. Es musste sich entweder um Karl-Ferdinand oder um dessen Sohn, Karl-Wendelin, handeln. Schorsch tippte auf den alten Waffelbruch, also auf Karl-Ferdinand.

Schnell schlüpfte Schorsch neben Dr. Zollner auf die Rückbank des Polizeiautos. Dann drückte Viehlechner das Gaspedal bis zum vollen Anschlag durch und ließ den Motor des Vierzylinders mächtig aufheulen. Schon verbissen sich die tiefen Profile der Vorderreifen in den Feldweg und schleuderten Unmengen an Kies in den Radkasten hinein und den Unterbodenschutz entlang sowie links und rechts in die angrenzenden Wiesen. Unangeschnallt wie sie waren, wurden Dr. Zollner und Schorsch auf der harten Rückbank des Polizeiautos auf dem Höllenritt über den mit zahlreichen Schlaglöchern und klobigen Steinbrocken übersäten Feldweg ordentlich durchgeschüttelt. Wie ein siegeshungriger Ralleyfahrer musste Viehlechner wieder vollen Einsatz zeigen, um den Wagen einigermaßen in der Spur zu halten und Richtung Martinszeller Siedlung zu steuern.

Inzwischen hatte sich der kleine Hansi auf den Weg zur Jägerwiese gemacht und nutzte dazu einen Trampelpfad. Der führte vom Kiesburgerhof direkt bis zum Feldweg, der zuvor Viehlechner als Ralleystrecke gedient hatte. Zwar hätte Hansi noch zwei Stunden in der Grundschule in Dietramszell aushalten müssen. Aber er verließ die ungeliebte Bildungsanstalt bereits in der Pause gegen 9.30 Uhr – und zwar auf eigene Faust und ohne seiner Lehrerin Bescheid zu geben. »Hitzefrei« war das Zauberwort, das er sich anschließend auf dem Heimweg, der ihn über den steilen Dietramszeller Berg und die Rieder Straße bis nach Martinszell führte, für seine Mutter überlegt hatte. Der Tag war zwar sonnig, aber »Hitzefrei«, grübelte Agnes in sich hinein. Aber da fiel ihr ein, dass auch Schorsch davon sprach, dass es heute »sehr heiß« werden würde. Vielleicht fehlte ihr angesichts der mit Rindshofer gemachten »kalten« Erfahrung heute nur die Wahrnehmung für die Hitze, dachte sie sich und vertraute den Aussagen ihres Sohnes. Außerdem kam Agnes die frühere Heimkehr von Hansi ganz gelegen. Schließlich konnte sie Hansi nun gleich auf die Jägerwiese schicken, um seinem Onkel die gewünschten Flaschen Bier vorbeizubringen. Ja, Bierausfahrer spielen, das schätzte Hansi viel mehr als irgendwelche Buchstaben zu Wörtern aneinanderzureihen oder an Zahlen herumzudoktern, weshalb er sich gleich frohgemut auf den Weg gemacht hatte.

Jetzt stand Hansi bereits vor dem großen Fendt, der herrenlos in der Jägerwiese vor sich hin knatterte. In der gelben Plastiktüte vom Dietramszeller Dorfladen, dem »EDEKA-Peiss«, hatte ihm seine Mutter die von Schorsch gewünschten zwei Bierflaschen mitgegeben. Aber Hansi konnte seinen Onkel nirgends erspähen. Nur der große Fendt und die dort angehängte Ballenpresse mit den seitlich befestigten drei Knöpfen fanden Hansis Interesse. Er rückte langsam an das landwirtschaftliche Gerät heran, und nachdem er die Knopfreihe eingängig geprüft hatte, traute er sich endlich, an den kleineren äußeren Knöpfen herumzudrehen. Aber zu Hansis Enttäuschung wollte sich nichts rühren. Deshalb verlor er schnell die Lust an den zwei Drehknöpfen und konzentrierte sich nun auf den etwas größeren roten Knopf in der Mitte. Es handelte sich offensichtlich um einen Druckknopf. Seine rote Farbe und seine Größe signalisierten Hansi, dass es sich dabei um einen besonders wichtigen Knopf handeln musste. Hansi überlegte lange. Dann fasste er seinen ganzen Mut zusammen und drückte fest zu. Schnell schloss sich plötzlich die Klappe der Trommel, in der Rindshofer saß. Der wollte sich durch Klopfzeichen noch bemerkbar machen, aber niemand hörte ihn, weil der Motor des Traktors noch lief. Hansi verlor inzwischen das Interesse an den Knöpfen, weil ihn schon längst das Motorengeräusch des Traktors lockte. Schon sprang Hansi in das Führerhaus und stellte die Plastiktüte mit den Bierflaschen beiseite – oder besser gesagt auf den Handschalter, wodurch nun die Zapfwelle einrastete und der Antrieb für die Silopresse eingeschaltet wurde. Langsam drückte Hansi die Kupplung und legte sogleich den ersten und dann gleich den zweiten Gang ein. Er war ganz stolz darauf, dass es ihm so geschmeidig und ohne großen Ruck gelungen war, einen Gang nach dem anderen nach oben zu schalten. Vor wenigen Sekunden rätselte Rindshofer in der Trommel noch darüber, ob Viehlechner noch in der Nähe wäre und er die Presse verlassen könnte. Aber für einen Ausstieg war es für Rindshofer angesichts der geschlossenen Klappe längst zu spät. Die spitzigen Krallenrechen des landwirtschaftlichen Ungetüms schaufelten immer schneller in den nimmersatten Gierschlund der Presse hinein. Für den Rindshofer Sepp wurde es in seinem Versteck rasch enger. Die Trommel füllte sich. Rindshofer schnappte heftig nach Luft und riss seinen Mund immer weiter auf, um noch eine kleine Portion Sauerstoff zu ergattern. Aber mit jedem Atemzug reduzierte sich die Sauerstoffzufuhr für seine Lungen, während ein ziemlich übles Gemisch aus Staub und Gräserpollen über seine Nase und seinen Mund bis hinunter zu den Lungenflügeln die Atemwege verklebte. Rindshofer hechelte um Luft. Aber langsam versiegte die Sauerstoffzufuhr endgültig und der Rindshofer Sepp wurde ohnmächtig. Weil man in einen gewickelten Siloballen nicht hineinsehen kann, lässt sich nur darüber spekulieren, ob der Rindshofer Sepp, dessen Körper inzwischen zum Kern eines Siloballens zusammengerollt war, die Rotationsbewegungen noch bewusst wahrnehmen konnte, die für das Umwickeln des Ballens mit der grünen Folie gleich nach dem Pressen einsetzten. Jedenfalls war der kleine Hansi so stolz auf seinen ersten selbst und so schön straff gewickelten Ballen, der nun hinten aus dem Wickelautomat auf die Jägerwiese kullerte, dass er sofort den nächsten in Angriff nahm.

Nach nur rund 90 Minuten war Hansi mit der ganzen Arbeit fertig. Sein verstorbener Vater, der weibergeile Jakob, der auf ähnlich tragische Weise durch einen höchst unglücklichen landwirtschaftlichen Maschineneinsatz um sein Leben kam wie gerade auch der Rindshofer, wäre bestimmt mächtig stolz auf ihn gewesen. Denn – wie von Agnes vorausgesagt – rund 20 grüne Siloballen, einer wie der andere straff und prall mit grüner Folie umwickelt, lagen jetzt auf der Jägerwiese und warteten auf ihren Abtransport.

Mülltonne mit Trabant, Karl-Ferdinand mit Herzrasen und das rote Türkis in der Arzttasche

Gegen 10.30 Uhr – und damit noch bevor der kleine Hansi den mit Rindshofer gefüllten Siloballen aus der Rundballenpresse herausrollen ließ – saß Viehlechner wie ein Rennfahrer in seinem Polizeiauto. Jetzt passierte er mit seinem Wagen und seinen zwei Begleitern an Bord, Dr. Zollner und Schorsch, das kleine Ortseingangsschild von Martinszell. Nur wenige Sekunden später brachte er das arg gehetzte Fahrzeug mit einem lauten Quietschkonzert vor dem Gartentor von Schorschs Grundstück zum Stehen. Er nahm die Hände vom Steuer, zog sich schnell den linken Ärmel der Jacke seiner Polizeiuniform zurück und triumphierte voller Stolz:
»Ha, jawohl! Jawohl! Super! Super! Über den Feldweg spart man tatsächlich rund eine volle Minute! Sage und schreibe eine ganze Minute!«
Jetzt streifte er seinen Ärmel wieder über die Armbanduhr, drehte sich um und rief nach hinten:
»Sie hatten tatsächlich Recht, Herr Doktor Zollner! Über den Feldweg spart man eine ganze Minute! Schorsch, der Herr Doktor Zollner hat Recht gehabt, eine volle Minute Zeitersparnis über den Feldweg!«
Aber auf der Rückbank saß niemand mehr. Dr. Zollner und Schorsch waren längst aus dem Polizeiauto gesprungen. Sie bückten sich bereits zu Karl-Ferdinand Waffelbruch hinunter, der neben der Restmülltonne des Siedlungshauses lag. Daneben knieten Lydia-Maximiliane und Karl-Wendelin auf dem Boden und jammerten hoffnungsvoll im Chor:
»Papa, Papa! Jetzt ist der Arzt aus Dietramszell da. Jetzt wird alles gut, Papa!«

Schorsch freute sich, dass er mit seiner Voraussage, dass es nicht Karl-Wendelin, sondern den alten Waffelbruch getroffen hatte, richtig lag. Die günstigste Lösung wäre Lydia-Maximiliane gewesen, die Erbin, die schlechteste Karl-Wendelin. Insofern stellte Karl-Ferdinand für Schorsch eine mittelmäßige Kompromisslösung dar, mit der er leben konnte. Aber plötzlich wurde Schorsch durch Fragen und

Anweisungen von Dr. Zollner aus seinen abwägenden Überlegungen gerissen, weil der Arzt laut in die Runde fragte:
»Wie is' denn der Mann überhaupt versichert, gesetzlich oder privat?«
»Welche Frage, Herr Doktor? Privat, natürlich, privat«, antwortete Karl-Wendelin, der über die Frage des Arztes angesichts des extremen medizinischen Notfalls sehr erstaunt war.
»Wunderbar, also Privatpatient, sehr schön«, freute sich Dr. Zollner und rieb sich die Hände.
»Wieso reiben Sie sich die Hände? Damit verlieren wir doch nur wertvolle Zeit. Packen Sie jetzt endlich an!«, forderte Lydia-Maximiliane den Einsatz von Dr. Zollner. Der fühlte sich peinlich ertappt und wunderte sich über sich selbst, wieso er seine innere Zufriedenheit über den privaten Versicherungsstatus seines Notfallpatienten durch das äußere Zeichen des Händereibens so plump verraten hatte. Aber dann antwortete er wichtigtuerisch:
»Warme Hände sind die unabdingbare Voraussetzung für einen erfolgreichen medizinischen Einsatz eines Arztes. Bevor ein Mediziner Hand anlegt, braucht er warme Hände. Das gilt besonders bei Herzsachen. Vor kalten Händen zucken Patienten oft zurück; und kalte Hände bringen nur zusätzlich Unruhe in den sowieso schon geschädigten Körper. Gerade für Herzpatienten sind nervöse Zuckungen und aufwühlende Unruhe Gift. Das müsste doch auch für einen medizinischen Laien völlig logisch sein. Ist Ihnen das nicht bekannt, gute Frau?«
»Oh nein, natürlich haben Sie Recht, Herr Doktor«, antwortete Karl-Wendelin für seine Frau, die große Augen machte. Beide, Karl-Wendelin und Lydia-Maximiliane waren durch die Belehrung von Dr. Zollner beeindruckt und hatten nun das Gefühl, ein erfahrener Spezialist würde vor ihnen stehen. Der rieb sich nach wie vor und noch viel theatralischer als zuvor die Hände und hielt sie jetzt auch noch extra weit nach oben, damit jeder der Anwesenden sehen konnte, wie gut und fest er sich seine Hände warmreiben konnte. Nach rund zwei Minuten, nachdem das Publikum langsam wieder unruhig wurde und die Hände des Arztes fast glühten, hörte Dr. Zollner endlich auf mit der Reiberei und stellte eine weitere Frage:
»Gab es bisher irgendwelche Anzeichen für eine Herzschwäche des Mannes?«

»Ja, mein Schwiegervater hatte Herzflimmern. Und diese Tabletten hat er immer gekaut«, antwortete Lydia-Maximiliane und streckte Dr. Zollner ein Röhrchen hin.

»Aha, billige Kautabletten gegen Herzflimmern. Nicht gerade beste Qualität, aber interessant«, stellte Dr. Zollner fest und nahm das dünne Röhrchen in Empfang.

»Und was hat den Mann jetzt so aufgeregt?«, fragte Dr. Zollner weiter. Aber niemand antwortete. Schorsch und Viehlechner konnten es nicht wissen. Lydia-Maximiliane und Karl-Ferdinand hatten zwar eine berechtigte Vermutung, konnten aber nichts sagen, weil sie sich laut schluchzend in die Arme fielen.

Unterdessen schien es Schorsch, als würde der am Boden zusammengekrümmt liegende alte Waffelbruch unter dem Einsatz seiner letzten Kraftreserven mit dem Zeigefinger seiner rechten Hand in Richtung Restmülltonne deuten.

»Du Viehlechner, wenn ich mich nicht täusch', dann zeigt doch der alte Waffelbruch zur Mülltonne, oder?«, fragte Schorsch in die Richtung des Polizisten, der seinen Wagen inzwischen verlassen hatte und sich immer noch über die Zeitersparnis durch die Wahl des Feldwegs freute.

»Ach was, das sind doch nur noch die letzten Zuckungen von dem alten Mann. Das wird jetzt gleich aufhören. Der geht sowieso gleich in das Land der ewigen Ruhe hinüber«, flüsterte Viehlechner leise zu Schorsch zurück, der daraufhin verständig nickte. Aber Viehlechner und Schorsch hatten den Einsatz von Dr. Zollner unterschätzt. Der Arzt kämpfte trotz seines vorgerückten Alters mit höchster Einsatzbereitschaft um das Leben von Karl-Ferdinand – schließlich handelte es sich um einen Privatpatienten. Mit all seiner Kraft drückte der Arzt mit beiden Händen etwas wahllos auf der Brust des alten Waffelbruch herum. Und erstaunlicherweise hatte er Erfolg damit. Denn in Karl-Ferdinands Körper kehrte plötzlich wieder etwas Leben ein: »Tr…a…bant, Tra…bant. In de…r Ton…ne, Ton…ne …«, röchelte er, während der Zeigefinger seiner rechten Hand wieder Richtung Restmülltonne zuckte.

Viehlechner fühlte sich nun doch bemüßigt, die Mülltonne zu inspizieren und öffnete den Deckel.

»Wäh, iiihhh«, kam es dem Polizisten reichlich angeekelt über die Lippen. Jetzt zog er ein weißes Paar Gummihandschuhe aus seiner Uniformweste und streifte sie sich über seine Hände. Dann kramte er in der schwarzen Tonne herum. Zunächst kamen einige Blechdosen, Milchtüten und Speisereste zum Vorschein. Gleich darauf zog er an den Hinterläufen den leblosen Körper des plattgefahrenen Trabant aus der Tonne, den Sepp Rindshofer vor knapp elf Stunden dort hineingedonnert hatte.
»Pfui Teufel, pfui Teufel. Wie sieht denn der aus?«, fragte Viehlechner in die staunende Runde, während Lydia-Maximiliane und Karl-Wendelin angesichts des schrecklichen Anblicks noch einmal laut aufheulten.
»Wie kommt denn dieses dreckige Sauviech, dieser Mistköter, in meine saubere Mülltonne?«, fragte nun auch Schorsch erregt und laut in die Runde, während dem am Boden liegenden alten Waffelbruch eine Träne nach der anderen über die Wangen lief und entkräftet hauchte:
»Schwei...ne, Schwei...ne. Tier...schän...der, Tier...schän...der, über...all. Scheiß Mar...tins...zell, Tier...schän...der, Tier...schän...der.«
Dr. Zollner versuchte, seinen Patienten zu beruhigen:
»Ruhig, guter Mann. Jetzt müssen Sie zuerst an sich denken, damit Sie wieder auf die Beine kommen.«
Und Lydia-Maximiliane stieß ins gleiche Horn:
»Ja, Schwiegerpapa, jetzt geht's zu allererst um Dich. Der Herr Doktor kriegt Dich schon wieder hin.«
»Freilich, das wird schon wieder«, bestätigte der vor dem alten Waffelbruch kniende Dr. Zollner. Aber weil er seine Artzttasche auf der Rückbank von Viehlechners Polizeiauto vergessen hatte, gab Dr. Zollner Schorsch eine kurze und deshalb etwas unklare Anweisung:
»Schorsch, gib mir aus meiner Arzttasche die Spritze aus der türkisen Verpackung, aber schnell.«
»Wo is' die?«, fragte Schorsch.
»In der Tasche, Schorsch, in der Tasche«, antwortete Dr. Zollner etwas genervt.
»Und wo is' Ihr Medizintascherl, Herr Dr. Zollner?«, fragte Schorsch noch einmal.

»Ach, ja. Meine Tasche. Jetzt pass' auf, jetzt pass' auf. Wo is' die? Jetzt Moment, einen Moment«, überlegte Dr. Zollner und kratzte sich an seiner in tiefe Falten geworfenen Stirn. Schließlich war Dr. Zollner mit seinen rund 75 Jahren nicht mehr der jüngste seiner Zunft. So konnte es schon vorkommen, dass er ab und an seine medizinischen Gerätschaften vergaß oder sich nicht mehr erinnern konnte, wohin er diese verräumt hatte. Aber nach einigen Sekunden Bedenkzeit fiel es ihm wieder ein:

»Noch im Auto. Meine Tasche liegt noch im Auto, auf der Rückbank, also hinten drinnen,« antwortete Dr. Zollner und setzte gleich noch einmal an:

»Schorsch, schnell. Jetzt zählt jede Sekunde. Die Spritze in der türkisen Verpackung. Aus der Arzttasche auf der Rückzbank. Die türkise Verpackung, avanti Schorsch!«

Schnell lief Schorsch zum Auto von Viehlechner zurück und öffnete die Hintertür. Mit einem Satz sprang er auf die Rücksitzbank und fuhrwerkte mit seinen fleischigen Händen in der speckigen Tasche von Dr. Zollner herum. Der hatte dort seine Medikamente, Ampullen und Spritzen anscheinend ziemlich überstürzt und planlos hineingestopft, während ihn Viehlechner mit Blaulicht und Sirene vor der Praxis abholte und auf eine rasche Abfahrt drängte, um möglichst schnell nach Martinszell zu düsen. Leider konnte Schorsch jetzt mit »türkis« nicht viel anfangen. Allerdings pressierte es nun. Schorsch vertraute auf seine mehr oder minder ausgeprägten Kombinationsfähigkeiten – türkis, Türkei, türkische Nationalflagge, rote Fahne, roter Halbmond, also die Spritze aus der roten Verpackung, folgerte Schorsch schnell. Er befreite das spitzige Instrument aus der Schachtel. Dann spurtete er mit der Spritze zurück und reichte dem Arzt das Injektionsgerät nach vorne.

»Danke, Schorsch, vielen herzlichen Dank«, sprach Dr. Zollner anerkennend zu Schorsch freundlich nach hinten, während er an der linken Ellenbeuge von Karl-Ferdinand herumschruppte. Jetzt klopfte Dr. Zollner mehrmals mit seinem Handrücken auf eine blaue Ader des Patienten, die daraufhin immer dicker wurde, so dass sie gleich zu platzen drohte. Sofort setzte der Arzt die lange spitzige Nadel an und drückte den flüssigen Inhalt der Spritze in Karl-Ferdinand Waffelbruchs aufgeschwollene Ader. Dem Patienten müsste es gleich wieder besser gehen, prognostizierte Dr. Zollner in freudiger Erwar-

tung. Aber plötzlich zuckte der Patient mehrmals nach oben, um danach gleich wieder abzuschlaffen. Noch einmal zuckte der Körper des alten Waffelbruchs nach oben und erschlaffte dann endgültig. Etwas überrascht fragte Dr. Zollner:
»Ja was is' denn jetzt?«
Mit beiden Armen packte nun Dr. Zollner zu. Er schüttelte den regungslosen Körper hin und her. Dann drückte er mit seinen Händen auf der Brust des alten Waffelbruch herum. Aber der arme Karl-Ferdinand Waffelbruch kam nicht mehr zu Bewusstsein.
»Hallo, hallo! Nicht wegkippen, nicht wegkippen!«, rief Dr. Zollner und rüttelte und schüttelte den Körper von Karl-Ferdinand noch einmal aufgeregt hin und her.
»Papa, Papa, Papa!«, riefen nun auch Lydia-Maximiliane und Karl-Wendelin unter Tränen. Aber es half nichts. Sie beugten sich über den leblosen Körper und streichelten dem alten Waffelbruch über den Scheitel.
Unterdessen zog sich Dr. Zollner langsam zurück, ging auf Schorsch zu und flüsterte:
»Zeig mir die Verpackung, die türkise.«
Schorsch und Dr. Zollner schlichen schnell zurück zu Viehlechners Polizeiauto vor dem Gartentor. Über die ganze Rückbank verteilt lagen dort die Utensilien aus der Arzttasche herum. Schorsch hielt nach der zuvor geleerten Verpackung Ausschau, aber in dem wüsten Durcheinander konnte er sie zunächst nicht entdecken. Erst als er den Fußraum danach abzusuchen begann, wurde er fündig und antwortete freudestrahlend:
»Hier, Herr Dr. Zollner. Ich hab' das Ding. Türkis, wie von Ihnen gewünscht«, sprach Schorsch voller stolz und reichte dem Arzt die Verpackung. Dr. Zollners Miene verdüsterte sich. Er rollte seine Augen, atmete tief durch und wurde rot, nicht blau oder türkis, sondern rot. Dann zog er Schorsch am Ärmel des Arbeitshemds zu sich heran und flüsterte:
»Depp. Du Depp, Du saudummer. Das ist eine rote Verpackung. Ich hab' doch gesagt türkis, verstehst Du, türkis?«
»Ja und? Soweit ich weiß, is' türkis rot, oder?«, antwortete Schorsch etwas überrascht.
»Depp, saublöder. Türkis is blau, nicht rot«, sprach Dr. Zollner und wiederholte dann noch etwas eindringlicher und schrie:

»Schorsch! Blau, nicht rot!!!«
»Was ist los?«, fragten nun Lydia-Maximiliane und Karl-Wendelin wie im Chor an die Adresse von Dr. Zollner und Schorsch. Und auch Viehlechner, der nach wie vor begeistert über die Zeitersparnis von einer Minute durch die Nutzung des Feldwegs nachdachte, rief ebenso erstaunt in die Richtung des Arztes und seines Helfers:
»Was is' los?«
Mit Sorgenfalten auf seiner Stirn räumte Dr. Zollner seine Tasche ein. Dann verließ er das Auto und ging langsam zurück. Mit einigem Abstand trabte Schorsch etwas geknickt hinterher. Nun wandte sich der Arzt der fragenden Dreiergruppe zu und fragte seinerseits ganz ruhig und sachlich:
»Wie bitte, was war Ihre Frage?«
Daraufhin sah sich Karl-Wendelin aufgefordert und fragte erneut:
»Herr Doktor, Sie riefen ganz laut: Schorsch! Blau, nicht rot! Was soll das bedeuten, was ist da los?«
»Ach nichts. Der Schorsch und ich waren nur unterschiedlicher Meinung«, antwortete Dr. Zollner und hoffte, damit wäre die Sache erledigt. Aber Karl-Wendelin zeigte sich nun etwas hartnäckig:
»Wie unterschiedliche Meinung?«, fragte Karl-Wendelin noch einmal nach. Dr. Zollner überlegte einen Augenblick. Dann kam ihm die Idee:
»Naja, unterschiedliche Meinung eben. Vom Polizeiauto, das Blinklicht, das blinkende Blaulicht, das Blaulicht. Aus meiner Sicht eindeutig blau das Blinklicht, oder? Nicht rot, das Blaulicht, wie der Schorsch meint, sondern eindeutig blau das Blinklicht, gell. Oder was denken Sie über das Blinklicht?«
»Eindeutig blau, das Blaulicht-Blinklicht«, antwortete Viehlechner sofort und kam Karl-Wendelin zuvor. Schließlich ging es um sein Polizeiauto.
»Und was denken Sie?«, wandte sich Dr. Zollner auch noch an Karl-Wendelin.
»Ja, ganz eindeutig blau. Das Blaulicht auf dem Polizeiauto blinkt blau. Oder was meinst Du, Lydia-Maximiliane?«, stimmte nun auch Karl-Wendelin Waffelbruch zu. Lydia-Maximiliane kniete noch vor dem regungslosen Körper des alten Waffelbruch und drehte sich langsam um:

»Eindeutig blau das Blinklicht, ja. Aber das ist doch jetzt völlig egal. Ich will jetzt nur wissen, was mit dem Papa los ist. Was ist los mit ihm?«, fragte Lydia-Maximiliane in Tränen an die Adresse von Dr. Zollner.

»Tot. Der Mann is' eindeutig tot«, sprach Dr. Zollner ruhig und sachlich. Sogleich bestätigte Schorsch den Befund des Arztes weitgehend emotionslos:

»Eindeutig tot, der Karl-Ferdinand. So wie das Blinklicht, äh Blaulicht, auf dem Polizeiauto eindeutig blau is' und blau blinkt, so eindeutig is' der alte Waffelbruch tot, quasi mausetot.«

»Ja, aber wieso jetzt so plötzlich? Gerade war er doch noch da, der Papa?«, fragte Karl-Wendelin ungläubig.

»Der Anblick vom toten Hund hat ihm den Rest gegeben. Eindeutig«, antwortete Dr. Zollner bestimmt.

»Aber Sie haben ihm doch noch die Spritze gegeben? Hat die nichts geholfen?«, fragte nun Lydia-Maximiliane. Genau diese Frage wollte Dr. Zollner vermeiden und nicht hören. Die Blinklicht-Blaulicht-Geschichte hatte also nicht ausgereicht, um das Misstrauen der Waffelbrüche zu zerstreuen. Deshalb tat er nun so, als würde er die Frage nach der Spritze nicht hören und wollte einfach darüber hinweggehen oder zumindest Zeit gewinnen, um die nächste Nebelkerze zu zünden. Aber Lydia-Maximiliane gewährte ihm keine lange Bedenkzeit und ließ nicht locker:

»Was ist mit der Spritze? Wieso hat die Spritze nicht gewirkt? Vor der Spritze war Papa doch auf dem besten Weg. Ich kann das nicht kapieren!«, wurde Lydia-Maximiliane nun penetrant und lauter, während Dr. Zollner und Schorsch etwas zu schwitzen begannen. Dr. Zollner fühlte sich arg in die Enge getrieben. Irgendwie musste er es schaffen, die Aufmerksamkeit vom Spritzenthema abzulenken und möglichst behutsam auf ein anderes Thema umzustellen:

»Offensichtlich nicht, gute Frau. Es tut mir leid«, antwortete Dr. Zollner zunächst und fuhr dann fort:

»Die Spritze war meine wertvollste Waffe, glauben Sie mir. Nur für Privatpatienten. Aber wenn der Patient bei einer solchen Herzattacke nicht mitspielt und dann auch noch mitansehen muss, wie sein geliebtes Haustier und treuer Begleiter so grausam zugerichtet aus einer Mülltonne gezogen wird, dann mag er eben selbst auch nicht mehr leben. Da kann meine Spritze dann auch nichts mehr ausrichten, verstehen Sie!?«, antwortete Dr. Zollner nun etwas ausführlicher und hoffte inständig, damit wäre die Schuldfrage endgültig gelöst. Aber er hatte sich getäuscht.

»Dann ist also der Polizist schuld? Der hat Papas zerschundenen Trabant schließlich aus der Tonne gezogen und mit dem toten Körper vor Papa hin und her gewedelt«, fragte Karl-Wendelin und richtete auf Viehlechner einen verächtlichen Blick. Der erschrak und fühlte sich völlig unschuldig, aber dennoch reichlich unwohl in seiner Polizistenhaut. Viehlechner sah auf den schlaffen und plattgefahrenen Trabant, den er noch an dessen Hinterläufen hielt. Dann hob er den schwarzen Deckel und schleuderte Trabant sofort wieder zurück in die Restmülltonne.

»Nein, nein, nein. Den Polizeihauptwachtmeister Viehlechner trifft überhaupt keine Schuld. Ihr Herr Papa hat Herrn Viehlechner durch sein Fingerdeuten Richtung Restmülltonne doch selbst ein eindeutiges Zeichen gegeben, den Hund aus der Tonne herauszuholen«, versuchte Dr. Zollner sofort, Viehlechner aus der Schusslinie zu ziehen. Und der Polizist pflichtete dem Arzt sofort bei und verteidigte sich überdies noch selbst:

»Genau, Ihr Papa wollte, dass ich die Tonne aufmach' und den Hund rauszieh'. Das war sozusagen der letzte Wille von Ihrem Vater«, verteidigte sich Viehlechner und erhielt nun auch von Schorsch Unterstützung:

»Ja genau. Ich hab' es auch geseh'n. Der Karl-Ferdinand hat mit dem Zeigefinger seiner rechten Hand ganz klar Richtung Mülltonne gezuckt. Und wie der gezuckt hat. Der würd' jetzt noch zucken, wenn ihm der Viehlechner seinen letzten Willen nicht erfüllt hätt'«, übertrieb es Schorsch ein wenig.

»Damit wollen Sie uns wohl klarmachen, dass der Papa anscheinend selbst schuld ist, oder wie darf ich das jetzt verstehen?«, fragte Karl-Wendelin und sah verärgert in die Runde. Bis auf Lydia-Maximiliane, die ähnlich verärgert war wie ihr Mann, blickte Karl-Wendelin in zufriedene Gesichter. Schorsch, Viehlechner und Dr. Zollner fühlten sich nun von jeder Schuld befreit. Offensichtlich hatten es die ostdeutschen Waffelbrüche endlich kapiert. Trotzdem setzte Dr. Zollner noch einmal nach, um den Deckel über diesem Thema endgültig zuzuschlagen und die Entfernung zum Spritzenthema auf Lichtjahre zu vergrößern:

»Und dann kommt noch was anderes dazu, das ich jetzt nicht unbedingt problematisieren möchte«, machte Dr. Zollner eine unklare Andeutung, um sich wichtig zu machen und das Interesse auf sich zu ziehen.

»Ja was denn, was kommt denn jetzt noch dazu?«, fragte Lydia-Maximiliane nach.

»Das falsche Medikament. Ganz klar das falsche Medikament«, antwortete Dr. Zollner. Als Schorsch dies hörte, glaubte er seinen Ohren nicht. Wollte ihm der Medizinzipfel jetzt etwa was anhängen und den Spritzentausch wieder ins Spiel bringen? Die Schuldfrage war doch längst durch. Und jetzt kommt der Dr. Zollner noch einmal daher und rollt mit dem Hinweis auf das falsche Medikament wieder alles auf? Schon wollte Schorsch dazwischenfahren, aber Dr. Zollner kam ihm mit seiner Erklärung zuvor:

»Wie lange nimmt denn ihr Herr Papa schon diese Kautabletten?«, richtete Dr. Zollner an Lydia-Maximiliane eine Fangfrage, während Schorsch sich erleichtert zurücklehnte und die von Dr. Zollner verfolgte Strategie richtig deutete. Der Arzt wollte den Verdächtigungen der Meck-Pommerer offensichtlich endgültig den Garaus machen und den Waffelbrüchen noch zusätzlich ein schlechtes Gewissen aufhalsen, folgerte Schorsch, während er die Antwort von Karl-Wendelin vernahm:

»Kann ich jetzt nicht so genau sagen. Aber bestimmt schon mehrere Jahre.«

Wunderbar, dachte und freute sich Dr. Zollner und fragte genüsslich weiter:

»Und wie viele Tabletten etwa pro Tag?«

»Naja, kann ich auch nicht genau sagen. Fünf bis zehn schätze ich schon«, antwortete Karl-Wendelin. Dr. Zollner dachte kurz darüber nach, wie er jetzt urteilen sollte. Eins war klar. Er musste die Medikation auf jeden Fall als falsch darstellen – entweder zu hoch oder zu niedrig, waren seine Alternativen. Gespannt wartete das Publikum auf das Urteil. Sämtliche Augen richteten sich auf Dr. Zollner, der sich nun wieder sehr wichtig vorkam und die ihm entgegengebrachte Aufmerksamkeit sichtlich genoss. Um die Spannung noch zusätzlich anzuheizen, um seine eigene Bedeutung noch zu steigern und um die ganze Thematik noch weiter von der Spritzenfrage zu entfernen, erfragte Dr. Zollner noch zwei Details:

»Wie schwer war Ihr Herr Papa und wie alt war er?«
»Rund 70 Kilo und 70 Jahre«, gab Karl-Wendelin die Daten preis und wartete gespannt auf eine Antwort des Arztes. Aber Dr. Zollner wollte damit noch nicht herausrücken und sprach:
»Da brauch' ich jetzt die Unterlagen aus meiner Arzttasche und etwas Zeit, um die ganzen Daten durchzurechnen. Einen kurzen Moment bitte.«

Dr. Zollner spazierte wieder zu Viehlechners Wagen zurück. Dort angekommen tat er so, als würde er in seiner Arzttasche irgendetwas suchen, um dann »durchzurechnen«. Selbstverständlich gaukelte der Arzt seinem Publikum nur etwas vor, um abzulenken. Denn seine ganze Konzentration lenkte Dr. Zollner vielmehr darauf, die flache Flasche Branntwein aus der Brusttasche seiner Jacke zu zücken und unbeobachtet zum Mund zu führen. Schließlich brauchte er jetzt einige Schlückchen zur Stärkung. Dann setzte er sich auf die Rückbank, warf sich ein Pfefferminzbonbon ein und lutschte darauf rund eine Minute herum. Mit einem Kugelschreiber, einem Terminkalender und zwei schon vor mehreren Wochen vollgekritzelten DIN-A4-Blättern kehrte er dann endlich zurück. Aber noch bevor er dem gespannt wartenden Publikum das Ergebnis seiner »Durchrechnung« verkündete, weckte er bei den Waffelbrüchen noch Schuldgefühle:
»Ich bin jetzt schon etwas erstaunt und irritiert darüber, dass Sie nicht genau sagen können, wie viele Tabletten Ihr Herr Papa pro Tag genommen hat. Und wie lange er das Zeug schon zu sich nimmt, das wissen Sie auch nicht. Aber Kindern kommt gegenüber Ihren Eltern, besonders wenn man weiß, dass es sich um Herzkranke handelt, hier schon eine gewisse Verantwortung zu.«
Das saß, dachte sich nicht nur Dr. Zollner, sondern auch Viehlechner und Schorsch, während sie in die betroffenen Gesichter von Lydia-Maximiliane und Karl-Wendelin sahen. Unterdessen fuhr der Arzt mit seinem Vortrag fort:
»Aber lassen wir das. Schuldzuweisungen bringen uns und dem Verstorbenen sowieso nichts und lenken uns nur von den Tatsachen ab. Wenn ich jetzt angesichts Ihrer ungenauen Angaben nur fünf Tabletten pro Tag und nur eine drei Jahre anhaltende Medikation unterstelle, dann sagt meine Durchrechnung ganz klar, dass die Medikation bei 70 Kilo und 70 Jahren ganz eindeutig zu hoch war und zu lange

gedauert hat«, urteilte Dr. Zollner mit ernster und fachmännischer Miene im Gesicht. Dann setzte er mit den mitgebrachten Blättern samt Kugelschreiber und Terminkalender in seinen Händen noch ein Argument hinzu:
»Es grenzt sogar an ein Wunder, dass es Ihr Herr Papa so lange ausgehalten hat. Wie bei einem Süchtigen muss sein ganzer Körper von dem Zeug schon total vergiftet gewesen sein. Bei der Menge, bei dieser Übermedikation, da braucht es nur einen kleinen Aufreger, und vorbei is' es.«
»Ich hab's gewusst, ich hab's gewusst!«, rief Karl-Wendelin auf einmal und fand nun zur Zufriedenheit von Viehlechner, Dr. Zollner und Schorsch die Schuld bei Karl-Ferdinand selbst:
»Wie oft hab' ich ihm gesagt, dass er es mit den Tabletten nicht übertreiben soll. Aber er hat ja nicht auf mich gehört, hatte seinen eigenen Kopf. Dauernd hat er sich das Zeug reingeschmissen und gekaut«, schluchzte Karl-Wendelin, während Dr. Zollner erleichtert zu Schorsch hinüberzwinkerte. Schorsch versteckte sein wohlgefälliges inneres Lächeln hinter einem betroffenen Gesichtsausdruck. Viehlechner war natürlich auch zufrieden. Die Sache schien sich zur Zufriedenheit aller aufzulösen. Er streifte sich seine Gummihandschuhe herunter und warf sie in Schorschs Restmülltonne, wo sie das Antlitz des toten Trabant bedeckten. Dann sprach er:
»Also Frau und meine Herren, dann wär' jetzt die leidige Sache samt Schuldfrage endlich aufgeklärt und erledigt. Der tote alte Mann ist der Alleinschuldige an seinem Tod, Ende, aus und Amen.«
Viehlechner zog damit als Amtsperson ein eindeutiges Fazit, dem sich auch die anderen Anwesenden bereitwillig anschlossen. Dann gab der Polizist noch eine organisatorische Anweisung:
»Herr Dr. Zollner, Sie stellen dann bitte noch den Totenschein aus, damit ich den Fall ordnungsgemäß zu den Akten legen kann. Dann fahr' ich Sie zurück.«

Dr. Zollner tat, was ihm befohlen wurde. Auf den Totenschein trug er den allseits beliebten und bekannten Passus »Plötzlicher Herztod« ein. Den hatte er ja schon vor einigen Monaten bei Heidrun und Helma so erfolgreich zum allseitigen Wohlgefallen aller Betroffenen und Beteiligten genutzt und damit allen weiteren Verdächtigungen und Ermittlungen jeglichen Nährboden entzogen. Dem um leiblichen Vater und Schwiegervater trauernden Paar gab er noch den Hinweis auf Dunk, den Totengräber aus Geretsried. Der würde die erforderliche Überführung in das entfernte Mecklenburg-Vorpommern sicher gerne, gut und günstig abwickeln und sich über den Auftrag sehr freuen. »Trauerhilfe Dunk – gern, gut und günstig« war schließlich auch das Motto, mit dem Dunk auf seiner Visitenkarte und in der Lokalpresse, zum Beispiel im Isar-Loisachboten oder der Lokalausgabe der Süddeutschen Zeitung, Werbung machte. Außerdem verwies Dr. Zollner darauf, dass Dunk vielleicht sehr preisgünstig anbieten würde. Bei dem alten Waffelbruch handelte es sich nach Heidrun und Helma schließlich bereits um den dritten Toten auf Schorschs Grundstück. Und würde man die zwei Toten, nämlich Jakob und die Staatsanwältin Dr. Pohl, die es so unglücklich im Laufstall auf dem Kiesburgerhof getroffen hatte, noch dazuzählen, müsste es sogar einen kräftigen Mengenrabatt geben. Natürlich würde der Mengenrabatt auch dazu führen, dass seine Provision, die er in der Regel von Dunk für die Vermittlung von Kunden bekam, etwas geringer ausfallen müsste als sonst, war sich Dr. Zollner sicher. Aber er dachte pragmatisch: Besser nur eine kleine Provision als gar keine.

Unterdessen wandte sich Viehlechner an Schorsch:
»Und Du, Kiesburger? Willst Du hier bleiben oder wieder zurück zur Jägerwies'n?«
»Ach, was soll ich jetzt hier bei der ostdeutschen Trauergemeinde?«, entgegnete Schorsch und fuhr fort:
»Auf der Jägerwies'n wartet ja noch Arbeit auf mich. Durch den alten Waffelbruch bin ich jetzt mit meinem Zeitplan sowieso hinten dran. Wäre nett, Viehlechner, wenn Du wieder über die Jägerwies'n fahren und mich dort abladen könntest.«
»Freilich, Schorsch, gern«, antwortete Viehlechner, der sich schon auf die rasante Rückfahrt freute.

Viehlechner und Schorsch gingen langsam zum Polizeiauto und warteten dort auf Dr. Zollner. Der Arzt kam nach einigen Minuten zu den zwei Männern und sprach zu Schorsch:
»Ich hab' denen gesagt, sie sollen auch den Hund aus Deiner Restmülltonne verschwinden lassen. Der fängt sonst zum Stinken an und Du hast dann das Geschiss mit einer Madenkolonie in Deiner Tonne.

Sie sollen den Dunk fragen, ob er noch zusätzlich einen Plastiksack für den Köter spendieren kann. Bei dem Geschäft mit der Überführung von dem Toten muss ein Sack für den Hundsköter schon drin sein.«

Darauf ergänzte Viehlechner abfällig:

»Reicht uns schon, wenn die Ossis Deinen Hof zum Abkratzen benutzen, gell Schorsch.«

»Und uns noch verdächtigen, dass wir nicht alles versucht hätten, um den alten Waffelbruch zu retten«, pflichtete Schorsch bei, bevor er sich auf die Rücksitzbank neben Dr. Zollner plumpsen ließ.

»Wenigstens handelt es sich bei dem alten Waffelbruch um einen gut versicherten Privatpatienten. Da kann ich die teure Spritz'n und meinen medizinischen Großeinsatz höher abrechnen«, freute sich Dr. Zollner.

»Falsch, Herr Dr. Zollner! Nicht Privatpatient, sondern Privattoter, ha, ha, ha!«, spöttelte Viehlechner, der seinen Wagen mit Vollgas auf Touren brachte und durch seine Anmerkung bei Dr. Zollner und bei Schorsch ein herzhaftes Gelächter auslöste.

Drei Tote in weniger als zwölf Stunden, 20 Siloballen in weniger als 90 Minuten und ein Vollrausch mit weniger als zwei Flaschen Bier

»Dr. Zollner, Schorsch – Achtung, festhalten!«, rief Viehlechner nach hinten. Der Polizeihauptwachtmeister wollte mit der Durchsage seine zwei Passagiere auf die Vollbremsug aufmerksam machen, die er jetzt gleich auf dem Feldweg vor der Jägerwiese hinlegen würde. Schorsch und Dr. Zollner spreizten sich mit aller Kraft gegen die Fliehkraft. Während Viehlechner dank des gespannten Sicherheitsgurts nicht nach vorne auf das Lenkrad geschleudert wurde, halfen dem Arzt und Schorsch selbst die größten Anstrengungen nicht, sich auf der Rückbank zu halten. Weil sie sich unvorsichtigerweise nicht angeschnallt hatten, drückte sie die Fliehkraft unweigerlich nach vorne. Beide knallten gegen die Rückseite der Vordersitze und rollten von dort in den Fußraum der Rückbank hinunter. Gott sei Dank blieben sie unverletzt.

»Viehlechner, Du dummer Aff'! Du Kindskopf, Du saublöder! Du bringst uns mit Deiner verrückten Raserei noch alle um!«, rief Dr. Zollner wutentbrannt nach vorne.

»Ha, ha, ha. Wenn ich Euch schon durch die Gegend kutschier', dann müsst Ihr Euch eben auch mit dem rasanten Fahrstil eines Polizeihauptwachtmeisters im Einsatz anfreunden!«, schrie Viehlechner belustigt nach hinten. Mit einem reichlich spöttischen Grinsen beobachtete er die zwei Männer durch den kleinen Rückspiegel. Dort sah er, wie sich Schorsch und Dr. Zollner völlig verängstigt, ziemlich verärgert und mit viel Mühe wieder in ihre ursprünglichen Sitzpositionen brachten.

»He Schorsch, lebst Du noch? Oder haben wir jetzt nach dem alten Waffelbruch heut' schon die zweite Leich' in unserem schönen oberbayerischen Martinszell? Dann gibt's demnächst eine kombinierte oberbayerisch-mecklenburgische Doppelbeerdigung. Gewissermaßen eine Tandembeerdigung, ha, ha, ha«, lästerte Viehlechner gehässig Richtung Rücksitzbank, von wo Schorsch mit einem gequälten Grinsen grüßte.

Wie Unrecht er damit hatte, konnte Viehlechner selbstverständlich nicht im Entferntesten ahnen. Schließlich hatte es – ohne Schorsch mitzuzählen – innerhalb von nur knapp 12 Stunden nicht nur zwei Tote gegeben, sondern drei: den alten Karl-Ferdinand Waffelbruch, den lüsternen Staatsanwalt August Brausemann und den geilen Sepp Rindshofer. Dazu kam noch der stinkpfotige Trabant. Für Dietramszeller Verhältnisse war das absoluter Weltrekord – für den kleinen Ortsteil Martinszell sowieso. Nur dann, wenn es beim Häsch oder beim Haschner zur Massenkeulung von Hühnern oder Bibergockeln kam, gab es an einem einzigen Tag mehr als eine Leiche in der Großgemeinde. Aber dabei handelte es sich schließlich »nur« um Federvieh.

Als er sich langsam von der Brems- und Schleuderpartie gefangen hatte und Viehlechner das Polizeiauto auf dem Feldweg endlich zum Stehen brachte, antwortete Schorsch auf die Spöttelei des Polizisten nur kurz und trocken, aber auch vieldeutig:
»Zwei haben wir doch schon.«
»Wieso zwei?«, fragte Viehlechner sofort an Schorschs Adresse zurück, der jetzt auch von Dr. Zollner mit einem Fragezeichen im Gesicht beäugt wurde. Schorsch hatte zu Karl-Ferdinand Waffelbruch dummerweise noch Staatsanwalt August Brausemann hinzugerechnet, dessen aufgedunsener Leichnam seit einigen Stunden den Grund der vollen Güllegrube des Kiesburgerhofs in Martinszell zierte. Über seine Unvorsichtigkeit ärgerte sich Schorsch zwar kurz. Aber gedankenschnell schob er rasch hinterher:
»Naja, der alte Waffelbruch. Und, naja, das Sauviech, der Trabant, ha, ha, ha. Und der Tag is' ja auch noch nicht zu Ende, oder? Vielleicht gibt's ja noch eine dritte Leich'.«
Mit der selbstverständlich nicht ernst gemeinten Leiche Nummer drei nahm Schorsch immerhin vorweg, was er selbst noch nicht ahnte: Rindshofer.

»Ja, der Schorsch, immer einen schelmischen Witz parat«, sprach daraufhin Dr. Zollner und schlug Schorsch auf die Schulter. Dann setzte der Arzt noch eins drauf:
»Richtig, Schorsch, man soll den Tag nicht vor dem Abend loben. Wenn der Viehlechner mit seinem Polizeiauto weiter so wild durch die Gegend hetzt, dann müssen wir den heut' vielleicht auch noch von einem Hauseck' runterkratzen.«

Da wollte Viehlechner der launigen Runde nicht nachstehen und fühlte sich selbst noch einmal herausgefordert, seinen Senf dazuzugeben:
»Ja, freilich. Dann müsst' der Dunk sich noch ein paar arbeitslose Hartzer aus Geretsried als Aushilfen anstellen und zu Totengräbern umfunktionieren, damit er das ganze Arbeitspensum auf dem Kreuzacker schafft, ha, ha, ha.«
»Da kann ich ja jetzt froh sein, wenn ich aus Deinem Polizistengeschoss aussteigen darf«, betonte Schorsch belustigt, während er sich aus dem Wagen quälte.
»Ja, freilich Schorsch. Aber jetzt raus mit Dir, Kiesburger. Servus!«, verabschiedete sich Viehlechner und sprach dann zu Dr. Zollner auf der Rückbank:
»Sie, Herr Doktor, mit dem Schorsch verlieren wir jetzt ordentlich Gewicht. Das bringt mindestens zehn Stundenkilometer auf meinem Tacho, ha, ha, ha«, lachte Viehlechner nach hinten. Dort versuchte sich Dr. Zollner verkrampft festzukrallen und seine Arzttasche schützend vor seinen Kopf zu halten, während Viehlechner das Gaspedal bis zum Anschlag durchdrückte.

Schorsch war froh, dass er die waghalsige Fahrerei von Viehlechner ohne Schaden hinter sich gebracht hatte und auf festem Wiesenboden stand. Etwas Mitleid hatte er allerdings mit Dr. Zollner. Dem stand noch eine Höllenfahrt bevor, die sicherlich mit der größten Achterbahn auf dem Münchner Oktoberfest mithalten konnte. Und er lag richtig mit seiner Vermutung: Viehlechner schaltete wieder in den Ralleymodus und veränderte seinen Gesichtsausdruck zu einer aggressiven Fratze, die sich unter der Polizeimütze abzeichnete. Die rutschte ihm aber gleich über den Scheitel, weil er mit Vollgas in den dritten Gang schaltete. Die fettigen Haare, die sonst wie Klebstoff wirkten und für die Polizeimütze für viel Halt auf Viehlechners Kopf sorgten, kapitulierten vor der Fliehkraft. Befreit von der staatlich bereitgestellten Kopfbedeckung wirbelte aus der wehenden Haarpracht Viehlechners ein unangenehmer Schuppenhagel nach hinten und nebelte Dr. Zollner auf der Rückbank mächtig ein. Der rang nach Luft und begann zu husten – fast so, wie zuvor Rindshofer in der Ballenpresse. Nach wenigen Sekunden verschwand der Arzt auf der Rücksitzbank und war für Schorsch nicht mehr identifizierbar. Höchstwahrscheinlich war der bemitleidenswerte Dr. Zollner längst wieder in den Fußraum hinuntergerollt und war dort unten damit beschäftigt, die herumliegenden Utensilien aus seiner abgegriffenen Arzttasche zusammenzusuchen. Trotzdem winkte Schorsch mit beiden Armen dem Polizeiwagen hinterher, der eingehüllt von einer Staubwolke den Feldweg hinunterjagte.

»Arme Sau«, sprach Schorsch vor sich hin, während er langsam zum Traktor hinüberschlurfte, der herrenlos auf der Jägerwiese auf ihn wartete. Der grüne Fendt stand etwa an der gleichen Stelle, wo ihn Schorsch vor rund einer halben Stunde geparkt hatte. Aber irgendetwas war jetzt anders. War es etwa das leise Piepsen, das seine Ohren gerade hörten und das wahrscheinlich nicht von einem Raubvogel, der auf Feldmäuse oder auf Haschners Bibergockel Jagd machte, sondern eher von einem Handy stammte? Schorsch runzelte seine Stirn. Knapp zehn Meter hatte er noch. Jetzt näherte er sich seitlich dem Traktor. Richtig, »etwa« die gleiche Stelle, aber nicht »genau« die gleiche Stelle. Nicht am äußeren Rand, wo er den Fendt abgestellt hatte, sondern mehrere Meter weiter in der Wiese stand der Schlepper jetzt. Außerdem lief der Motor nicht mehr. Dann vernahm er wieder das Piepsen. Es erklang jetzt noch etwas lauter als zuvor. Und außerdem ...
»Kruzifix! Kruzifix!«, schrie Schorsch auf einmal voller Schreck los. Hinter dem mannshohen rechten Hinterreifen des landwirtschaftlichen Zuggeräts sah er zwei Beine liegen. Schnell rannte er auf den Traktor zu, um nachzusehen, zu welchem Körper die Beine gehörten. Sollte es sich etwa um Rindshofer handeln? Lagen da Rindshofers Beine? Konnte sich der Sepp vielleicht aus der Trommel befreien und wurde dann womöglich vom schweren Traktor und der Ballenpresse überrollt, mutmaßte Schorsch kurz in alle Richtungen. Aber für einen Erwachsenen waren die Beine zu dünn und zu kurz. Dann hatte er Gewissheit. Die Beine gehörten zu Hansi.

Auf der Jägerwiese: Hansis Beine hinter dem rechten Hinterreifen des Fendts (vgl. heller Kreis). Daneben sind drei von rund 20 Siloballen erkennbar, die Schorsch und dann vor allem Hansi mit der Wickelpresse „produziert" hatten.

»Hansi, Hansi!«, rief Schorsch und beugte sich zu seinem Neffen hinunter. Der Junge schien Schorsch zwar unverletzt, aber er rührte sich nicht. So laut Schorsch auch schrie, der kleine Hansi machte keinen Mucks.
»Hansi, Hansi, wach auf! Was is' los mit Dir? Hansi, Hansi!«, versuchte es Schorsch noch einmal und verabreichte Hansi links und rechts einige Backpfeifen, die es in sich hatten. Daraufhin wachte der kleine Bursche endlich auf und fing zu lallen an:
»Pa...pa, Pa...perla...pa, Pa...pa, hicks.«
Schorsch warf seine Stirn wieder in Falten. Verwechselte ihn der kleine Bettnässer etwa mit Jakob, seinem Bruder, diesem Arschzipfel

und geilem Bauernstier? Deshalb schrie Schorsch voller Zorn auf den Kleinen ein:
»Du kleiner saudummer Bangert! Du Bangert! Du elendiger Kiesburger-Bangert! Ich bin's doch! Dein Onkel Schorsch! Deinen saublöden Papa hat der Teufel doch schon vor den Sommerferien zu sich geholt! Hast ihn und die geile Staatsanwältin doch selbst im Heulager für immer und ewig ins Jenseits befördert, Du kreuzsaublöder Kiesburger-Bangert!«
»On...kel, Bon...kel, Schor...schibonkel«, ließ Hansi jetzt ein seltsames Silbengemisch aus Lallerei und Singerei verlauten.
»Bist Du besoffen, Du elendiger Bettnässer!?«, schrie Schorsch zu dem kleinen Buben hinunter, der ziemlich schlaff vor ihm lag. Noch einmal wollte Schorsch auf Hansi hinabbrüllen. Aber dann erspähte er die Plastiktüte, die Agnes ihrem Hansi mitgegeben hatte und die nun neben dem linken Hinterreifen des Traktors im leichten Wind raschelte. Zwischen Tüte und Hansis Kopf sah Schorsch nun auch zwei Bierflaschen in den Grasstoppeln liegen; beide geöffnet. Eine völlig leer, die andere nur noch mit einer geringen Restflüssigkeit gefüllt. Jetzt war Schorsch klar, wieso ihn Hansi mit Jakob verwechselt hatte. Der Junge war offensichtlich völlig betrunken. Hansi hatte bis heute mit Alkohol vermutlich noch nie engere Bekanntschaft gemacht. Hansi durfte beziehungsweise musste seinem Vater zu dessen Lebzeiten zwar tagtäglich das Bier vom Keller heraufholen. Und vielleicht – wenn überhaupt – durfte Hansi dann als kleines Dankeschön sogar am Rand des Bierglases seines Erzeugers herumnippen. Aber im Vergleich zu den zwei Flaschen, die der kleine Saufbold anscheinend in sich hineingeschüttet hatte, waren die kurzen Nipper an Jakobs Bierglas nur die berühmten Tropfen auf den heißen Stein.
»I... bra...a...aav, ga...nz bra...a...aav. Vie...le Bal...li, Bul...li, Bol...li«, vernahmen nun Schorschs Ohren aus dem Mund seines Neffen einige Wortfetzen, ohne entschlüsseln zu können, was der damit meinte. Während Schorsch noch über den gelallten Buchstabensalat sinnierte und dessen Bedeutung zu entziffern versuchte, ließ Hansi auch schon eine Ladung Magensaft in Verbindung mit Nahrungssedimenten und Bierschwemme aus sich herausquellen und über seinen Oberkörper laufen. Vor lauter Ekel schreckte Schorsch hoch. Nachdem sich Schorsch ganz aufgerichtet hatte, sah er, was der kleine Hansi zuvor vermutlich meinte: Verstreut über die rund zwei

Hektar umfassende Fläche der Jägerwiese, die vom Feldweg im Süden bis zum Waldrand im Norden reicht, von wo ein grober Waldweg zum Gut Schlickenried führt, lagen rund 20 Siloballen. Frisch gepresst und straff gewickelt mit der reißfesten grünen Folie hatte der kleine Hansi einen Ballen nach dem anderen aus der Wickelpresse herausrollen lassen. Genau so, wie sich im Magen von Hansi die gestockte Brühe bildete und dann über die Speiseröhre aus dem Mund lief und sich anschließend wahllos über seinen Oberkörper verteilte, so presste die Trommel das geschnittene Gras in Ballen, bevor diese gewickelt wurden, um dann ebenso wahllos die Ballen auf die Jägerwiese kullern zu lassen, wo sie nach einigen Umdrehungen ihren Ruheplatz fanden.

»Fleißiger Bub, fleißiger Bub«, sprach Schorsch zu dem kleinen Hansi hinunter, der die Lobhudelei seines Onkels ziemlich regungslos über sich ergehen ließ. Allerdings schien es Schorsch für einen kurzen Moment, Hansis Speiseröhre würde mit einigen Krümeln kämpfen. Denn Hansi fing plötzlich zu zucken an, fast so, wie kurz zuvor der alte Karl-Ferdinand Waffelbruch vor Schorschs Siedlungshaus. Jetzt fing der Junge auch noch laut zu röcheln und zu husten an. Schnell beugte sich Schorsch wieder zu dem Buben hinunter, drehte ihn zur Seite und schlug ihm auf den Buckel. Dank der Neupositionierung seines Körpers und der Schläge seines Onkels konnten sich Hansis obere Atemwege, Speiseröhre, Hals, Mund und Nase von der bereits vereinzelt durch die Speise- und Biersedimente gestockten Restbrühe befreien. Dann griff Schorsch zur Flasche, die noch ein kleines Rinnsal Bier beherbergte, führte sie zu Hansis Mund und forderte seinen Neffen auf:
»Da Hansi, gurgeln, durchspülen und rausspeien!«
Aber Hansi bockte:
»Wäh, wäh, k…e…i…n …. B…i…e…r …… mehr, k…e…i…n …. B…i…e…r. «
Aber Schorsch versuchte es noch einmal, weil er wollte, dass Hansi gurgelt, um die letzten Reste der Kotzbrühe aus dem Körper zu spülen:
»Hansi! Hansi! Jetzt Mund auf! Dann ordentlich durchgurgeln und dann raus damit!«
Endlich tat der Kleine, was ihm befohlen wurde.

»Braver Hansi, braver Hansi«, lobte deshalb Schorsch und strich dem Buben über den Haarschopf. Jetzt fing sich der Junge langsam und sprach zu seinem Onkel:
»Ja, brav, gell Onkel Schorsch. Und hast Du meine Siloballen schon g'sehen, Onkel Schorsch? Brav, gell«, sprach Hansi und wollte sich von seinem Onkel noch ein besonderes Lob für die gewickelten Siloballen abholen, die auf der Wiese herumlagen. Aber Schorsch dachte gerade nach. Während Hansi um Anerkennung bettelte, richtete sich in Schorschs Gedankenblase der Rindshofer Sepp auf, weshalb er etwas durcheinander sprach:
»Ja freilich, freilich … schöne Ballen. Bist schon ein braver Kindskopf, Du Bangert … ah Hansi wollt' ich sag'n. Wirklich schöne Ballen und so viele … Kruzifix. Kruzifix. Ah, Du Hansi, hast Du jemanden gesehen? Einen Mann vielleicht … war da irgendwo ein Mann?«
»Mann? Nein, kein Mann. Nur Piepsen und Bier. Piepsen war wenig, aber Bier war viel«, antwortete Hansi.
»Ja, ja. Das Piepsen hör' ich auch. Und das Bier war viel Bier. Is' mir schon klar. Aber vielleicht hast Du auch einen Mann gesehen. Wenigstens vielleicht nur ein bisserl?«, bohrte Schorsch weiter in den Jungen hinein.
»Kein bisserl Mann, Onkel Schorsch. Nur Piepsen und viel Bier für mich allein, kein bisserl Mann«, antwortete der kleine Hansi erneut abschlägig.
Schorsch raufte sich die Haare. Vielleicht hatte es der Rindshofer ja geschafft, aus der Trommel der Wickelpresse zu hüpfen, bevor Hansi ans Werk ging, hoffte Schorsch. Er setzte sich neben den noch immer in Seitenlage befindlichen Hansi ins Gras und vergrub seinen Kopf in seine großen Hände. Jetzt verstummte auch die Piepserei, weshalb Schorsch hoffte, in Ruhe überlegen zu können. Ja, Schorsch brauchte jetzt etwas Bedenkzeit und vor allem Ruhe.

Aber daraus wurde leider nichts. Denn nach nur wenigen Sekunden der stillen Einkehr, jagte auf dem Feldweg schon wieder Viehlechner mit seinem Polizeiauto heran. Natürlich hatte er sein Blaulicht wieder auf volle Lautstärke gestellt. Schemenhaft war hinten auf der Rückbank Dr. Zollner sichtbar. Der Herr Doktor wurde offensichtlich wieder ziemlich durchgeschüttelt und -gerüttelt – und sah reich-

lich blass aus, und einigermaßen schwindelig war ihm vermutlich auch. Als Viehlechner Schorsch hinter dem Traktor erspähte, legte er schnell eine Vollbremsung hin, kurbelte das Seitenfenster nach unten und schrie hinaus:
»Schorsch! Schorsch! Hast Du einen Mann gesehen, den Rindshofer Sepp!?«
Schorsch zuckte zusammen. Wieso kam ihm jetzt Viehlechner mit dem Rindsschädel?
»Den Rindshofer, nein, wieso?«, fragte Schorsch zurück.
»Der Rindsdepp hat sein Auto auf dem Waldweg nach Schlickenried so blöd hingeparkt, dass der Spindler jetzt mit seinem vollgeladenen Holzfuhrwerk nicht vorbei kommt!«, schrie Viehlechner und wiederholte:
»Der Rindshofer, der Depp, der muss seine alte verrostete Blechlawine sofort wegkutschieren, sonst kommt der Spindlerbauer nicht vorbei!«
Dann ergänzte der Polizist:
»Und an sein Handy geht der Rindshofer auch nicht hin!«
»Nein, Viehlechner, keine Ahnung, wo der Rindshofer is'«, antwortete Schorsch. Natürlich erhärtete sich in Schorschs Gedankengängen jetzt ein Verdacht. Aber er war sich noch nicht ganz sicher. Deshalb ermunterte er Viehlechner noch einmal, auf Rindshofers Handy anzurufen:
»Viehlechner, probier' es halt noch einmal. Vielleicht hast Du jetzt mehr Glück mit dem Rindshofer.«
Viehlechner zückte noch einmal sein verkratztes Handy und tippte die Nummer von Rindshofer ein. Es vergingen einige Sekunden, die Schorsch dafür nutzte, seine Ohren zu spitzen und auf Empfang zu schalten. Dazu positionierte er seine Hände hinter seine Lauscher, die er mit seinen Daumen und seinen Zeigefingern etwas nach vorne bog. Zusammen mit den aufgestellten Ohren und den wie zu Schalen verformten Handinnenflächen entstanden so zwei überdimensionale Hörmuscheln, zwischen denen Schorschs Kopf nur noch wie ein abgerundetes Verbindungsstück mit Haarbesatz wirkte. Dann richtete sich Schorsch von seiner Sitzhaltung neben Hansi auf und drehte sich abwechselnd in alle Richtungen. Schorsch sah jetzt wie eine wankende Radarstation aus, an der zwei Abhörschirme montiert waren und die in der Lage war, sich um ihre eigene Achse zu drehen. Dr. Zoll-

ner und Viehlechner, die sich im Polizeiauto die Augen rieben, wunderten sich sehr über den seltsamen Anblick, den ihnen Schorsch bot. Hansi grinste vor sich hin und dachte, sein Onkel wollte ihn nach der üblen Kotzerei etwas aufheitern.

Jetzt hörte Viehlechner das Freizeichen. Sogleich zuckte Schorsch, weil er über seine modellierten Abhörsensoren ein schwaches Piepsen aufschnappen konnte. Er drehte sich in die Richtung, aus der er die Piepssignale zu hören glaubte und blickte auf einige der herumliegenden Siloballen. Aber nur noch einmal hörte er den hellen Piepston. Dann war nur noch das Rauschen der leichten Brise von den Laub- und Nadelbäumen zu hören. Es kam aus dem nahegelegenen Wald vom Spindler zwischen der Jägerwiese und Schlickenried. Weil Schorsch nur dieses Rauschen, aber keine Klingeltöne mehr hörte, rief er zu Viehlechner:
»Viehlechner, wie schaut's aus? Is' der Rindshofer an sein Handy gegangen?«
»Nein. Die Stimme sagt nur, dass der Teilnehmer nicht erreichbar is' und ich es später noch einmal versuchen soll«, antwortete Viehlechner.
»Jetzt is' es eh schon wieder später, Viehlechner. Probier' es gleich noch einmal und lass' es mal ganz lange und laut anläuten!«, forderte Schorsch den Polizisten auf. Der kam der Anregung sofort nach. Auf die Lautstärke hatte er selbstverständlich keinen Einfluss. Dafür ließ er es besonders lange anläuten. Trotzdem hörte Schorsch kein Piepsen mehr. So kunstvoll Schorsch während seiner Rundtour auf der Jägerwiese seine feine Horcheinrichtung auch kreisen ließ, er konnte keinen Hauch eines Klingeltons empfangen. Vielmehr wunderten sich Viehlechner, Dr. Zollner und der kleine Hansi wieder sehr, weil Schorsch wie eine bewegliche Radarstation schon fast ein Viertel der Fläche der gesamten Jägerwiese abgelaufen war. Jetzt lief Schorsch auch noch in den letzten Winkel der Jägerwiese. Dann verschwand er in der Senke, wo Rindshofer noch gestern einen günstigen Platz ausgemacht hatte, um Schorsch zu erledigen. Nach einer halben Minute trabte Schorsch wieder von dort heraus und trottete langsam und erschöpft zurück. Seine Abhörstellung hatte er inzwischen abgebaut. Seine Arme baumelten an seinen schlaffen Schultern müde nach unten. Seine großen Lauscher, die er vorher noch wie Segelohren nach

vorne gebogen hatte, legten sich wieder in ihre natürliche Ausgangsposition zurück.

»Ja Schorsch, spinnst Du jetzt völlig!? Was läufst Du denn die ganze Jägerwies'n auf und ab?«, fragte ihn nun Viehlechner aus dem Auto heraus. Auch Dr. Zollner und Hansi waren gespannt darauf zu erfahren, wieso Schorsch in der reichlich seltsamen Körperhaltung und vor allem mit seinen großen Händen an den Ohren auf der Jägerwiese so geheimnisvolle Runden gedreht hatte. Die Wahrheit konnte ihm Schorsch selbstverständlich nicht auftischen. Deshalb druckste Schorsch zunächst herum, weil er auf der Suche nach einer unverfänglichen Antwort war. Dann versuchte es Schorsch unsicher:
»Ach, naja, Viehlechner, ich seh' ja nicht mehr ganz so gut«, antwortete Schorsch etwas seltsam und blickte in verdutzte Gesichter, die sich zu Fragezeichen verformten. Dann schaltete er noch eine kaum weniger seltsame Erklärung hinterher:
»Ich muss doch schließlich genau wissen, wie viele Rundballen jetzt auf der Wies'n liegen, oder? Für den Abtransport is' das sehr wichtig. Und weil ich so schlecht sehen kann, muss ich halt die ganze Wies'n ablaufen.«
»Was, was, Du siehst nicht mehr richtig und deshalb läufst Du wie ein Irrer auf der Jägerwies'n 'rum? Wird es durch die Lauferei mit dem Augenlicht etwa besser? Ich kenn' keinen Blinden, der durch die Lauferei wieder sehen könnt', ha, ha, ha. Oder musst Du zum Zählen von den Ballen jeden einzelnen berühren, ha, ha, ha?«, fragte Viehlechner nach.

Schorsch war klar, dass er sich mit seiner Erklärung in eine gefährliche Sackgasse hineinmanövriert hatte. Jetzt war ein überzeugender argumentativer Befreiungsschlag erforderlich, wollte er nicht als Trottel dastehen. Inzwischen fragte sich Dr. Zollner ernsthaft, ob bei Menschen, insbesondere bei einfältigen Dörflern, aus medizinischer Sicht wirklich ein Zusammenhang zwischen der Stärke des Augenlichts und der körperlichen Bewegungsintensität bestehen könnte, der ihm trotz seiner langjährigen Erfahrung bislang verborgen geblieben war. Wenn dies für die Mehrzahl der menschlichen Spezies zu verneinen war, sollte es sich bei Schorsch vielleicht um einen speziellen und seltenen Sonder- und Einzelfall handeln? Zumindest wollte es

Dr. Zollner nicht ganz ausschließen. Schließlich war ihm (und der Leserschaft spätestens seit Band III) ja bekannt, dass Schorschs Sinne außergewöhnlich ausgeprägt waren. Beim Sehen, Riechen, Hören und Schmecken gab es niemanden im Dorf, der Schorsch übertroffen hätte. Nur beim Tastsinn hinkte Schorsch hinterher. Darüber beklagte sich auch Schorschs verstorbene Heidrun immer wieder bei Dr. Zollner: Schorsch müsse immer stark zugreifen, bevor er etwas spüre, hatte sie oft gesagt, ohne dem Arzt dann zu zeigen, wo sich die genannten Druckstellen und blauen Flecke genau befanden. Weitere Nachfragen von Dr. Zollner wehrte sie damit ab, dass es ihr peinlich wäre und kicherte dann mit rollenden Augen laut in sich hinein. Und Schorsch soll nun neben dem grobschlächtigen Tastsinn auch noch Schwächen beim Sehen haben?

»Ach, Viehlechner das war doch nur ein kleiner Witz. Während Du den Rindshofer angerufen hast, hab' ich die Zeit dafür genutzt, um die dritte Halbe Bier zu suchen. Der Hansi muss die irgendwo verloren oder versteckt haben; und jetzt hätt' ich gerade Durst, verstehst Du, Durst!«

Diese neue Antwort schien Schorsch viel besser geeignet, um seine merkwürdige Rundreise über die Jägerwiese plausibel zu erklären. Nicht sein schlechtes Augenlicht, sondern die Biersuche war eine viel überzeugendere Erklärung. Das Zusammenspiel aus Durst und Bier musste doch bei dem Polizisten und dem Arzt, die ansonsten besonders für Freibier äußerst empfänglich waren, das Zehnerl zum Fallen bringen. Offenbar klappte es auch. Schließlich nickten ihm daraufhin Viehlechner und Dr. Zollner verständnisvoll zu. Aber zu Schorschs Unbill meldete sich jetzt der kleine Bangert mit einem Widerspruch zu Wort:
»Nein, Onkel Schorsch. Es gibt keine drei Bierflasch'n. Die Mama hat mir für Dich nur zwei Flasch'n Bier mit'geben. Wirklich, nur zwei.« Darauf reagiert Schorsch etwas erzürnt, weil er seine Erklärung bedroht sah:
»Du Rotzlöffel! Du besoffener Kreuzkruzifix! Drei Flasch'n! Die Dritte geht ab und liegt irgendwo auf der Wies'n, weil Du die verloren hast. Oder Du hast sie mir auch weggesoffen, wie die anderen

zwei. Sei jetzt still!«, schrie Schorsch auf Hansi ein. Aber der Kleine bestand weiter auf seiner Version:
»Nein, Onkel Schorsch, das stimmt einfach nicht. Die Mama hat mir wirklich nur zwei Flasch'n mit'geben. Ich kann nämlich schon zählen.«
»Zählen kannst vielleicht schon, aber bestimmt nicht bis drei!«, höhnte Schorsch.
»Bis drei leicht! Es waren nur zwei Flasch'n!«, wurde jetzt auch Hansi etwas lauter.
»Du Lügner, Du versoffener. Halt gefälligst Dein versoffenes Kiesburgerdrecksmaul, sonst rutscht mir noch die Hand aus, Du Bangert!«, begann Schorsch zu brüllen und ging mit viel Wut im Bauch auf Hansi zu. Da schaltete sich Viehlechner schützend ein und schrie aus seinem Auto heraus:
»Geh, Schorsch! Lass doch den Buben! Ob es jetzt zwei oder drei waren, is' doch völlig egal!«
Dann winkte Viehlechner Schorsch etwas näher an sein Auto heran und sprach:
»Wenn es wirklich nicht zwei, sondern drei waren, hat sich der kleine Bub vielleicht irgendwo eine Halbe zurückgelegt. Wer von uns hat sich noch nie eine Halbe Freibier zurückgelegt und dann heimlich getrunken?«
Schorsch war zufrieden damit, dass sein Ablenkungsmanöver offenbar gewirkt hatte und es dem Viehlechner anscheinend völlig egal war, ob es eine dritte Flasche gab und ob sich diese irgendwo auf der Jägerwiese versteckt hielt, um auf Hansi zu warten. Deshalb antwortete er:
»Naja, Viehlechner, hast wahrscheinlich Recht. Zwei oder drei Halbe. Das macht kaum einen Unterschied.«
Jetzt meldete sich auch noch Dr. Zollner von der Rückbank des Polizeiautos:
»Bei dem kleinen Kiesburger hätt' wahrscheinlich schon eine einzige Halbe Bier für einen ordentlichen Vollrausch gereicht, gell Hansi!«
»Genau, Herr Doktor, mir is' jetzt noch schlecht«, stimmte Hansi zu.
Und Schorsch versuchte noch ein kleines Witzchen, um den Disput endgültig zu bereinigen:
»Bei mir machen zwei oder drei Halbe keinen Unterschied. Egal wie viele es sind, es sind immer zu wenig, ha, ha, ha.«

»Richtig, Schorsch, mir geht's da ganz genauso. Immer viel zu wenig Bier, vor allem beim Freibier«, sprach Viehlechner aus seinem Polizeiauto zu Schorsch hinaus und setzte dabei wieder sein typisches breites Grinsen auf. Auch Dr. Zollner nickte von der Rückbank zustimmend nach vorne. Damit war sowohl die Biersache als auch Schorschs Rundlauf über die Jägerwiese aus der Welt. Viehlechner war bereits dabei, sein Fahrerfenster wieder nach oben zu kurbeln und rief zu Dr. Zollner nach hinten:

»Sie, Herr Doktor, dann suchen wir zwei jetzt in Martinszell weiter. Vielleicht können wir den Rindshofer Sepp-Depp dort irgendwo auftreiben!«

Kaum gesagt, stampfte Viehlechner mit einem kräftigen Tritt das Gaspedal wieder bis zur Bodenplatte hinunter. Sekundenbruchteile später wurde Dr. Zollner in die Rückbank des Polizeiautos gedrückt; und sein Schädel schleuderte nach hinten auf die metallenen Halter der Kopfstützen, die zum Leidwesen des Arztes etwas zu hoch eingestellt waren.

Schorsch, Hansi und Rindshofer zwischen Siloballen, Arbeiterhäusl und Jakobs Auferstehung

»Endlich weg, die zwei Dorfzipfel, gell Hansi? Bist auch froh, dass wir die los sind, oder? Jetzt können wir uns ungestört über den Mann unterhalten, den Du vielleicht doch gesehen hast?«, fragte Schorsch und wandte sich dem kleinen Hansi zu. Schließlich war Schorsch inzwischen klar, dass der Weg zu Rindshofer beziehungsweise zu dem mit Rindshofers Körper gefüllten Ballen nur über seinen Neffen führte. Schorsch musste Hansi wieder für sich einnehmen. Nur so würde er dem Kiesburger-Bangert herauslocken können, in welchem der vielen Ballen Rindshofer sein neues und hoffentlich letztes zu Hause gefunden hatte. Aber Hansi war noch sauer auf seinen Onkel und wollte keinen Ton herausbringen. Deshalb versuchte es Schorsch mit einem kleinen Einlenken:
»Naja, Hansi, vielleicht ... vielleicht waren es wirklich nur zwei Flasch'n Bier. Dein Onkel hat sich wahrscheinlich getäuscht – oder was meinst jetzt Du?«
Aber »vielleicht« und »wahrscheinlich« waren Hansi zu wenig. Da musste der Onkel schon noch etwas nachlegen. Deshalb blieb Hansi mucksmäuschenstill. Schorsch wartete noch einige Augenblicke und überlegte. Weil Hansi nach wie vor kein Ton über die Lippen kam, musste Schorsch neben seinem Einlenkmanöver für den kleinen verstockten Bangert noch zusätzlich einen Anreiz ausloben. Daher versuchte er es jetzt mit einem Lockangebot:
»Du, Hansi, wenn Du mal wieder ein Bier magst, kannst Du jederzeit zu mir kommen«, machte Schorsch jetzt ein Angebot, das seine Wirkung zunächst nicht verfehlte. Denn Schorsch schien im Gesicht von Hansi eine kleine Wandlung zu erkennen. Die trübe und etwas beleidigte Mimik des kleinen Bettnässers hellte sich auf. Hansi schien zu überlegen und angebissen zu haben. Zur Freude von Schorsch brachte der Rotzlöffel endlich seinen Mund auf und vergewisserte sich:
»Eine Flasche Bier, Onkel Schorsch? Und jederzeit?«
»Freilich, Hansi, gern und jederzeit eine ganze halbe Bier«, bestätigte Schorsch und freute sich, dass es ihm gelungen war, einen Gesprächsfaden zu Hansi zu finden. Damit das dünne Fädchen nicht ab-

reißen konnte, legte Schorsch gleich noch einmal nach, um die Sache dingfest zu machen:
»Eine ganze Flasche Bier, jederzeit, frisch und gekühlt aus meinem eigenen Keller. Extra für Dich gebunkert und reserviert. Jederzeit gerne«, bestätigte Schorsch abermals und etwas überschwänglich. Genau betrachtet viel zu überschwänglich. Denn Hansi trumpfte jetzt auf:
»Aber Onkel Schorsch, Du hast ja in Deinem kleinen Siedlungshaus überhaupt keinen Keller. Dein Arbeiterhäusl is' doch überhaupt nicht unterkellert.«
»Was, was? Wie kommst Du jetzt da drauf?«, fragte Schorsch, der mit dieser Entgegnung nicht gerechnet hatte. Aber jetzt legte der kleine Kiesburgerfratz erst so richtig los:
»Wie der Papa noch g'lebt hat, da hat er mit der Mama oft darüber g'lacht, dass Ihr so ein kleines Arbeiterhäusl habt's, in dem man sich überhaupt nicht umdrehen kann. Und dass das Häusl von Dir und der Tante Heidrun direkt auf den g'stampften Dreck baut is'. Und dass unter Eurem Kleinhäuslerhäusl ein feuchter Moorboden is'. Und sogar Deine Mama, die Kiesburgeroma, hat dann noch g'sagt, dass dem Opa und ihr früher die Moorwies'n g'hört hat und die Wies'n immer schon gern verkauft hätten, weil die so feucht war. Und dann haben der Opa und die Oma die Moorwies'n nach dem Krieg für viel Geld an die Flüchtling' verkauft, damit sich die kleine Häusl bau'n können. Aber niemand in der Flüchtlingssiedlung hat sich wegen dem nassen Moorboden einen Keller gebaut. Aber nicht bloß, weil die Flüchtling' alle so arm waren, sondern wegen dem Moorboden. Denn sonst wär' denen beim Regen die Moorsupp'n in die Keller g'laufen und die Häusl abg'soffen. Und Du und die Tante Heidrun, ihr habt's doch dann sogar noch Schulden bei der Raiffeisenbank aufnehmen müssen, damit ihr Euch so ein kleines verwarztes Moorbodenhäusl von einem Flüchtling leisten habt's können, der nach dem Anschluss von der DDR wieder zurück in die DDR is', gell. Der Papa hat dann immer vom Moorhäuslschorscherl und der Kleinhäuslerflüchtlingshäuslheidrun g'sprochen. Mei, da haben die Mama, der Papa und die Oma über Dich und die Tante Heidrun noch viel lauter g'lacht. Und ich auch. Das war vielleicht lustig. Und deshalb hast Du keinen Keller in Deinem kleinen Arbeiterhäusl. Gell, Onkel Schorsch, Du hast g'logen?!«

Völlig versteinert und mit offenem Mund stierte Schorsch in das Gesicht des kleinen Hansi. Der hatte ihm nicht nur ein langes Referat über den fehlenden Keller und das kleine Arbeiterhäusl gehalten, auf das er mit seiner Frau Heidrun über so viele Jahre eisern gespart hatte, um dann zusammen mit dem Kredit von der Raiffeisenbank das kleine Siedlungshaus endlich kaufen zu können. Sondern der Vortrag seines Neffen rührte all die schlimmen Demütigungen und groben Benachteiligungen wieder auf, die Schorsch zu Lebzeiten seines Bruders Jakob erleiden musste. Natürlich war sein Siedlungshaus, das er tatsächlich von einem ehemaligen Flüchtling aus Ostpreußen erstanden hatte, klein. Im Vergleich zu den Ausmaßen des Kiesburgerhofs, den Schorschs Eltern zu allem Übel seinem jüngerem Bruder Jakob überschrieben hatten, war das Siedlungshaus von ihm und seiner Heidrun geradezu winzig. Aber die von Hansi so flüssig und fehlerfrei in den Raum geworfenen Schmähbegriffe »kleines verwarztes Moorbodenhäusl«, »Moorhäuslschorschi« und auch noch »Kleinhäuslerflüchtlingshäuslheidrun« gaben Schorsch den Rest. Sie schienen außerdem Schorschs Blick dafür zu öffnen, dass sich seine engste Verwandtschaft offensichtlich tagtäglich über ihn, seine verstorbene Ehefrau und sein ganzes Lebenswerk lustig machte. Sein nicht gerade durch viel Intelligenz gesegneter Neffe wäre sonst vermutlich nicht in der Lage gewesen, die fehlende Unterkellerung so spontan und detailliert zu enttarnen. So oft, intensiv und belustigt, wie sich anscheinend seine Verwandtschaft und dabei insbesondere sein jüngerer Bruder Jakob über ihn erhob, so verärgert, detailliert und traurig erinnerte sich jetzt Schorsch an die vielen erlittenen Entbehrungen, Demütigungen und Benachteiligungen: Alles war bei ihm und seiner Heidrun viel kleiner ... und nicht nur viel kleiner, sondern auch älter, abgenutzter, weniger, geringer, niedriger, kürzer, schmaler, mikriger, sparsamer, unwichtiger, schlechter und, ja, auch »verwarzter«: Haus, Fassade, Eingang, Treppe, Schlafzimmer, WC, Bad, Küche, Einrichtung, Grundstück, Garage, Auto, Werkzeug, Geldbeutel, Bankkonto ... aber selbstverständlich auch Freunde, Nachbarn, Frühstück, Mittagessen, Brotzeit, Kleidung, Frisur ... Nur einmal stockte Schorsch, als er zum Schluss der langen Liste kam, die sich in seinen Gedanken aufbaute: Beim Bauch-, Brust- und Kopfumfang waren Heidrun und er seinem Bruder Jakob und dessen Frau Agnes weit überlegen. Aber das tröstete Schorsch jetzt wenig ...

Getrieben von der herabwürdigenden Schmach schnaubte Schorsch wie ein wilder Stier. Am liebsten hätte er mit seinen geballten Fäusten auf den kleinen Hansi eingeschlagen. Gerade so, wie er es bis vor einigen Monaten fast jede Nacht in seinen Albträumen mit seinem Bruder Jakob gemacht hatte, bevor der im Laufstall auf dem Kiesburgerhof unter der übermächtigen PS-Gewalt des Fendts und zur hellen Freude von Schorsch das Zeitliche gesegnet hatte. Dunkle und mordlustige Gedanken zuckten durch Schorschs gestresste Gehirnwindungen: Erschlagen und ersäufen, diesen Kiesburger-Mistkerl! Und dann hinein mit dem Bangert in die Silopresse und anschließend zum prallen Ballen wickeln. Damit der Rindshofer noch einen kleinen Begleiter bekommt und auf der Jägerwies'n in seiner stinkenden und, ja, »verwarzten« Silobehausung nicht ganz alleine vor sich hin faulen muss. Schon glaubte Schorsch in seiner überschäumenden Wut, im kleinen Hansi seinen jüngeren Bruder Jakob zu erkennen. Hansi war schließlich seinem Vater wie aus dem Gesicht geschnitten: gleicher Quadratschädel und meist hintertriebene Gesichtsfratze. In Schorschs verschwommenen Augen feierte Jakob im Körper seines Sohnes, diesem dummdreisten und kindsköpfigen Kiesburger-Hansi, Auferstehung von den Toten. Schorsch schritt auf Hansi zu und schrie bereits in Gedanken:
»Jakob, Du dreckige Bauernsau! Bist von den Toten auferstanden, Du stinkende Kiesburger-Missgeburt!«
Mit verklärtem Blick nahm Schorsch den kleinen Hansi – alias Jakob Kiesburger – ins Visier und musterte dessen Quadratschädel, um dort eine günstige Stelle für die Landung seiner Faust auszumachen. Aber kurz bevor er auf seinen Neffen mit voller Wucht einschlagen wollte, presste Schorsch seine Lippen zusammen und wich zurück. Im war, als hörte er die Stimme seiner verstorbenen Heidrun:
»Nicht zuschlagen, Schorsch, denk an meinen Kehlkopf.«

Schorsch besann sich. Er erinnerte sich, wie es damals ausgegangen war. Der Albtraum, in dem er Jakob einst erschlug, blieb Fiktion. In der Realität traf es in der damaligen Nacht nicht Jakob, sondern seine Faust traf seine neben ihm unschuldig schlafende Heidrun direkt in den Kehlkopf. Der Sensenmann hatte sich in Heidrun das falsche Opfer gesucht, um sich nur einige Tage später im Heulager neben dem Laufstall des Kiesburgerhofs den Richtigen zu holen: Jakob.

So unschuldig wie damals seine Ehefrau Heidrun, so unschuldig kam Schorsch nun der kleine Hansi vor. Naja, wahrscheinlich nicht ganz so unschuldig. Aber jedenfalls war es durch die vermutlich jahrelange Indoktrination von Jakob nicht überraschend, dass Hansi – und vielleicht auch seine eigene Mutter, die Kiesburgeroma, sowie ganz bestimmt auch Schorschs Schwägerin Agnes – sich so schamlos der Spötteleien seines Bruders bedienten. Nach einigen Augenblicken der Besinnung kam Schorsch daher zu dem Urteil, dass zumindest Hansi und Agnes zum Großteil zu Opfern von Jakobs Gehirnwäsche und Propaganda und nur zum kleineren Teil selbst zu bewussten Tätern geworden waren. Etwas verklärt kam Schorsch jetzt der von Toleranz und Nachsicht beseelte Gedanke, dass Täter und Opfer in der heutigen Zeit oft nicht unterscheidbar wären und schloss bei seinem Urteil auch sich selbst ein. Aber er verfolgte diese interessante Spur nicht weiter. Denn zu den postmodernen Philosophen gehörte Schorsch (noch) nicht.

Von dem üblen Wechselbad der Gefühle, das Schorsch in den letzten Sekunden durchmachen musste, bekam der kleine Hansi nicht viel mit. Für einen Augenblick kam es Hansi schon komisch vor, dass ihn sein Onkel wie ein Bulle anstierte und dabei seine Fäuste zu großen Schlagstöcken geballt hatte. Aber die lebensbedrohende Gefahr, in der er sich für einen kurzen Moment befunden hatte, konnte er nicht erkennen. Denn Hansi war zu sehr mit der Frage beschäftigt, was er aus seinem Onkel herauspressen könnte. Bier aus dem nicht vorhandenen Keller schied jedenfalls aus. Deshalb stellte er nach reiflicher Überlegung fest:
»Bier aus dem Keller geht also nicht, Onkel Schorsch.«
Schorsch, der sich inzwischen wieder in der Gewalt hatte, kam erneut ins Bewusstsein, dass er Hansi brauchte, um den mit Rindshofer gefüllten Ballen zu finden. Deshalb erwiderte er:
»Völlig richtig analysiert und völlig richtig von Dir erkannt, Hansi. Bier aus dem Keller gibt's nicht ... aber, aber ... Bier aus dem Kühlschrank, gekühltes Bier aus meinem Kühlschrank, das wär' jederzeit möglich.«
»Jederzeit? Nein, jederzeit is' auch nicht möglich, Onkel Schorsch. Erstens muss ich da zuerst zu Dir in die Siedlung hinüberlaufen. Und das dauert und is' ziemlich umständlich. Außerdem kann es sein,

dass Du dann ausgerechnet nicht da bist, wenn ich Durst hab' und das Bier brauch'«, belehrte Hansi seinen Onkel.

»Ja freilich, da hast jetzt auch wieder Recht«, stellte Schorsch fest und sprach:

»Hast Du vielleicht einen Vorschlag, meine sind ja anscheinend alle nix.«

»Onkel Schorsch, am besten wär', wenn Du mir einfach das Geld für eine Flasche Bier gibst. Dann kann ich zum Getränke-Binder laufen und mir eine Flasch'n holen, wenn ich Durst hab' – und zwar jederzeit, wann ich will und völlig unabhängig von Dir«, machte Hansi einen Vorschlag.

»Ja, das wär' auch möglich. Dann kriegst 80 Cent von mir, oder?«, gab sich Schorsch einverstanden. Aber Hansis Kalkulation war etwas umfangreicher:

»Die 80 Cent sind aber ohne Pfand. Der Binder verlangt auch Pfand. Mindestens 15 Cent für die Flasch'n«, rechnete Hansi vor.

»Na gut, Hansi«, willigte Schorsch ein und begann in seiner Brusttasche herumzufingern. Dort schob er zuerst die 500 Euro und das Sparbuch von Rindshofer beiseite, um mit seinen Fingern noch tiefer nach unten zu kommen. Ganz unten spürte er jetzt die Naht und einige Münzen. Er fischte eine größere davon heraus und sprach:

»Hier, ein Euro, ich bekomm' also noch fünf Cent heraus.«

»Ich hab' aber kein Wechselgeld dabei, Onkel Schorsch«, entgegnete Hansi treuherzig.

»Also gut, Hansi. Der ganze Euro für Dich. Aber jetzt musst Du mir gleich sagen, ob Du irgendwo einen Mann g'sehen hast, wie Du die vielen Ballen so schön g'wickelt hast«, bohrte Schorsch wieder in Hansi hinein. Zufrieden über seinen Verhandlungserfolg schnappte sich Hansi zuerst den Euro und ließ ihn in seine rechte Hosentasche rutschen. Es klimperte kurz, weil der Euro auf mehrere kleinere Münzen traf, die Hansi seit Wochen in seinem Hosensack gebunkert hatte. Hansi wurde rot. In der Hoffnung, seine Worte würden das Klimpern der Münzen noch übertünchen können, sprach er sofort laut drauflos:

»Nein, nein! Da war kein Mann! Wirklich Onkel Schorsch, kein einziger Mann!«

Schorsch, der sich ärgerte, dass ihn der kleine durchtriebene Kiesburger-Bangert um die fünf Cent Wechselgeld gebracht hatte, dachte

nach. Wenn Hansi wirklich keinen Mann gesehen hatte, dann konnte Hansi auch nicht wissen, ob und in welchem Ballen er den Rindshofer hineingewickelt hatte. Wenn Rindshofer von Hansi gewickelt wurde – und dafür gab es angesichts der zuvor von Schorsch vernommenen Klingeltöne keinen Zweifel –, dann musste der Sepp im ersten Siloballen stecken, den Hansi aus der Presse rollen ließ. Deshalb fragte Schorsch:
»Hansi, vergessen wir den Mann. Vielleicht war es ja auch nur eine Frau oder ein Viech, eine Katz' oder ein Hund. Egal, vielleicht hab' ich mich auch getäuscht ... Ach Du, Hansi, Themenwechsel. Jetzt ein ganz anderes Thema: Welchen von Deinen schönen Ballen hast Du denn zuerst gepresst?«
Hansi dachte nach. Aber so sehr er sich auch anstrengte, er konnte es nicht genau sagen:
»Hm, Hhhmmm. Ich glaub' ... ich glaub' einen von denen, die weiter vorne liegen.«
»Aha, ja, ja. Also Du kannst es nicht genauer sagen, oder?«, fragte Schorsch, dem inzwischen klar war, dass Hansi Probleme damit haben musste, sich nach dem ausgiebigen Bierkonsum genau zu erinnern.
»Also, Onkel Schorsch, einer von den zwei oder drei Ballen, gleich da vorne«, sprach Hansi und runzelte seine Stirn. Auch Schorsch legte seine Stirn in Falten. Denn er erinnerte sich gerade, dass er selbst gleich zu Anfang zwei Ballen gepresst hatte, bevor Rindshofer kam. Aber selbst Schorsch konnte sich angesichts der Ballenschar auf der Jägerwiese nicht mehr ganz genau erinnern, wo er seine zwei Ballen abgeladen hatte. Schließlich lag auch noch der Tod vom alten Waffelbruch dazwischen, der für einige Aufregung sorgte und sein Kurzzeitgedächtnis durcheinander brachte. Aber Schorsch war sich zumindest sicher, dass wenigstens einer seiner zwei Ballen zu den drei gehörte, auf die Hansi gerade zeigte. Würde er jetzt noch die zuvor für kurze Augenblicke hörbaren Klingeltöne als weitere Eingrenzungsfaktoren hinzuzählen, dann kamen bei einer groben Schätzung und zusätzlichen Hinzurechnung von einigen Sicherheitseinheiten insgesamt sieben Ballen als Agrarsärge für den Rindshofer Sepp in Frage.

»So, Hansi, jetzt geh' mal mit mir mit und hilf mir«, sprach Schorsch und ging zum Feldweg. Ohne zu wissen, was sein Onkel beabsichtigte, trabte Hansi Schorsch hinterher. Am aufgekiesten Weg angekommen, bückte sich Schorsch hinunter und suchte nach sieben möglichst großen Steinen. Drei davon drückte er dem kleinen Hansi in die Hände und gab eine Anweisung:
»Jetzt markieren wir einige Siloballen, gell.«
Schorsch und Hansi begannen damit, auf die von Schorsch ausgewählten Ballen einen Stein nach dem anderen zu legen. Während der Markierungsarbeit hoffte Schorsch, dass er durch kräftiges Abtasten und Drücken auf die straff gewickelte Folie bei einem der Ballen menschliche Extremitäten erfühlen könnte. Aber die ganze Abtasterei war vergeblich. So sehr er seine Fingerkuppen auch auf Empfang stellte und angestrengt gegen die Folie drückte, er stieß weder auf einen Kopf, noch auf ein Bein, ein Knie, einen Ellenbogen, einen Arm oder dergleichen. Stattdessen stellte Hansi eine Frage, nachdem sie den letzten Stein auf den siebten Ballen gelegt hatten:
»Onkel Schorsch, warum markieren wir eigentlich die Siloballen?«
Die Frage war durchaus berechtigt. Aber Schorsch hatte – von der Sache mit Rindshofer abgesehen – zunächst keine plausible Erklärung parat und überlegte. Weil Schorsch auch nach rund einer Minute Bedenkzeit noch nicht geantwortet hatte, sondern nur in den nahegelegenen Wald vom Spindlerbauer stierte, fragte Hansi noch einmal laut nach:
»Onkel Schorsch! Hörst Du mich? Hörst Du mich? Warum markieren wir die sieben Ballen?«
Als wenn die Antwort zwischen den Tannen und Fichten im Spindlerwald zu finden gewesen wäre, sprach Schorsch wie ein Prediger auf den kleinen Hansi hinunter:
»Naja, Hansi, da kommen jetzt viele Sachen zusammen. Ein Geheimnis. Du weißt vielleicht, dass sieben eine Glückszahl is'. Außerdem hab' ich mir zuvor ja selbst zwei Ballen gepresst, bevor Du gekommen bist. Sozusagen für meinen Eigengebrauch. Und als Andenken an die von Dir gepressten Ballen möcht' ich auch noch einige haben – und zwar genau fünf. Dann hätten wir die Glückszahl sieben erreicht: meine zwei und Deine fünf.«

Mit großen Augen und offenem Mund lauschte Hansi den Worten seines Onkels. Genau genommen reichte Hansi diese Erklärung auch. Aber Schorsch war jetzt gerade in Fahrt und sprach weiter:
»Und weißt', Hansi, neben der Zahl Sieben kommt noch was anderes dazu. Da gibt es noch eine uralte Bauernweisheit, die nur ganz wenige kennen, quasi wieder ein Geheimnis: *Wenn ein Onkel und sein Neffe machen zusammen sieben Ballen, dann am Jahresend' die Korken laut knallen.* Das heißt, wir haben es jetzt mit einem doppelten Glücksbringer bis zum Jahresende zu tun. Stell Dir vor, doppeltes Glück für den Rest des Jahres!«, flunkerte Schorsch.
»Aha, dann sind meine Ballen für Dich wertvoll, oder?«, fragte Hansi tief beeindruckt und wissbegierig nach. Schorsch ahnte, welche Lawine jetzt auf ihn zurollen könnte. Deshalb entgegnete er sofort:
»Ja schon. Gern' würd' ich Dir dafür auch was bezahlen. Aber das bringt Unglück. Viel Unglück. Außerdem gehören die Ballen ja Deiner Mama.«
Etwas enttäuscht schien Hansi den abschlägigen Bescheid seines Onkels zu akzeptieren:
»Aha, schad'. Aber für was brauchst denn Du die Siloballen, Onkel Schorsch?«
»Ja, für was?«, fragte Schorsch vor sich hin. Er blickte wieder in den Wald vom Spindlerbauer und hoffte erneut auf eine Eingebung. Und tatsächlich fiel ihm etwas ein:
»Schafzucht!«
»Was, Schafzucht?«, fragte Hansi ungläubig nach.
»Ja, Schafzucht. Ich will mir nämlich einige Schäfchen zulegen. Und die kleinen Schaferl werd' ich dann mit den sieben Glücksbringer-Siloballen füttern. Die kleinen Schaferl werden dann ganz schnell groß und kriegen ein besonders schönes und glänzendes Fell. Gute Idee, gell?«
»Uih ja, Onkel Schorsch. Schaferl, Schaferl«, war der kleine Hansi von der Idee sofort begeistert, griff nach der Hand seines Onkels und spazierte mit ihm zum Traktor zurück. Auch Schorsch konnte seinem reichlich unüberlegt geäußerten Gedankenblitz immer mehr Positives abgewinnen, je mehr er sich in ihn hineinverkopfte. Während er den Fendt anwarf, um gemeinsam mit Hansi die Heimfahrt anzutreten, dachte er an manche Vorteile, die ihm seine spontane Idee bescheren könnte. Die Schäfchen könnte er freilaufend im Garten seines Sied-

lungshauses halten. Sie würden bestimmt schön stinken und auf dem »feuchten Moorboden« manchen dampfenden Haufen aufrichten. Der Wert seines Hauses, den die zwei übriggebliebenen Waffelbrüche sicherlich gerne nach oben drehen würden, könnte er durch die stinkenden Vierbeiner bestimmt nach unten drücken. Dass er Fressalien für das blökende Vieh brauchte, würde auch für jedermann plausibel sein. Die hinter seinem alten und schon etwas baufälligen Geräteschuppen in seinem Garten gestapelten Siloballen würde daher niemand thematisieren. In Ruhe könnte er also abwarten, bis er von den sieben Siloballen zufällig denjenigen öffnen würde, in dem Rindshofer zwangsläufig irgendwann zum Vorschein kommen müsste. Im Schutz des Geräteschuppens könnte er so beim geringsten Anzeichen auf Rindshofers Körper entsprechende Vorkehrungen treffen. Unentdeckt könnte er den Leichnam oder das, was davon noch übrig wäre, in einen Plastiksack stecken und im Kofferraum seines Fiats verstauen, um den Rindsschädel dann endgültig im Wald- oder Auglweiher oder in der Isar zu versenken oder auf der Greilinger Mülldeponie verschwinden zu lassen.

Während Schorsch zufrieden am Lenkrad saß und den Fendt nach Martinszell steuerte, meldete sich der kleine Hansi mit einer Frage:
»Du, Onkel Schorsch, den Schaferln, geben wir denen dann auch Namen?«
»Ja freichlich, wenn Du magst«, antwortete Schorsch.
»Und welche Namen, Onkel Schorsch?«, fragte Hansi nach.
Schorsch überlegte einige Augenblicke und antwortete dann mit einem hintergründigen Lächeln:
»Naja, vielleicht Lydia oder Maximiliane. Ein besonders schönes Schaferl vielleicht zum Andenken an Deine Tante auch Heidrun. Ein anderes Schaferl, das wenig Fleisch auf den Rippen hat und dauernd laut herumblökt, vielleicht Helma. Wenn ein besonders stink… ah, stiller Bock dabei is', dann könnten wir den in Erinnerung an Deinen verstorbenen Vater auch Jakob taufen. Wenn wir uns zwei italienische Schaferl kaufen, dann könnten wir die zum Beispiel Silvio oder Buriano nennen. Das sind nämlich italienische Vornamen.«
»Du kennst aber viele Vornamen, Onkel Schorsch. Sogar ausländische«, sprach Hansi bewundernd zu seinem Onkel, der grimmig in sich hineinlachte und an seinen »Italien-Abstecher« dachte.

Auflauf vor Schorschs Haus, Viehlechners Ankündigungen und Schorsch Ohnmacht

Die groben Reifenprofile des Traktors gaben die vielen und tief ausgewaschenen Schlaglöcher des Feldwegs gnadenlos an den älteren Fahrer und dessen jungen Beifahrer weiter. Die angehängte Wickelpresse schaukelte hin und her und rang ihrem Rahmen ab und an ein dunkles Knarzen ab, während die Deichsel fröhlich dazu quietschte. Obwohl Schorsch und Hansi auf dem Fendt ordentlich durchgeschüttelt wurden, waren sie tief in Gedanken versunken. Die Schunkelei bildete für Schorsch und Hansi einen wohlgesonnen Nährboden für träumerische Gedanken:

Schorschs Traumbild – wie aus Marmor gemeißelte Schäfchen, die sich in seinem Grundstück an den geöffneten Siloballen zu schaffen machen

Schorschs stoischer Blick nahm zwar den ausgefahrenen Feldweg ins Visier. Aber seine Gedanken kreisten nicht um die schlechte Fahrbahn, sondern bereits um eine Schar von Schafen. Sie weideten auf seinem Grundstück und knabberten an geöffneten Siloballen, die hinter Schorschs Schuppen lagen. Besonders hungrige Exemplare des blökenden Getiers zerrten an menschlichen Extremitäten, die aus einem der sieben Ballen hervorlugten. Andere hatten auf dem feuchten Moorboden schon zahlreiche schwarze Bällchen ausgesträut, von denen einige noch dampften.

Hansi starrte in den blauen Himmel, in den sich immer mehr weiße Schäfchenwolken mischten. Er sah sich bereits in der Figur eines geschäftigen Schäfers zwischen fröhlich grasenden Wollträgern. Gerade streichelte er zwei kleine Schäfchen, die erst vor einigen Tagen geboren wurden. Die ließen sich die zarten Streicheleinheiten gerne gefallen und hatten ein wunderbares, weiches Fell, das in der warmen Sonne golden glänzte.

Plötzlich wurden Schorsch und der kleine Hansi aus ihren Träumen herausgerissen. Die etwas kleineren Vorderreifen und gleich darauf die großen Hinterreifen des Traktors, gefolgt von den Ballonreifen der Wickelpresse, kündigten das Ende der melodischen Schunkelei an. Denn sie stießen mit einem Ruck auf die dick aufgeteerte Fahrbahnwulst, die den Übergang zwischen dem grob gekiesten Feldweg und der fein geteerten Gemeindestraße nach Martinszell markiert.
»Hoppla. Hansi, bist Du noch da?«, fragte Schorsch an die Adresse seines Neffen, der auf dem harten Beifahrersitz saß.
»Freilich Onkel Schorsch. Nix passiert«, sprach Hansi, der natürlich schon einen kleinen Schrecken bekommen hatte.

Auf der Teerstraße rollte jetzt der Fendt mit der Wickelpresse im Schlepptau ruhig auf den Kiesburgerhof in Martinszell zu. Schorsch und Hansi mussten mit ihrem Gefährt nur noch über den kleinen Hügel fahren, von wo man einen schönen Blick auf den Dietramszeller Ortsteil Schönegg und die einstige Hummelvilla hat. Sogar die Kirchturmspitze der bekannten Klosterkirche von Dietramszell war von dort oben zu sehen. Jetzt kam ihnen auch die mit Schindeln bedeckte Turmspitze der kleinen Dorfkirche von Martinszell in den Blick. Nun tauchte auch das arg heruntergekommene – Hansi würde vermutlich sagen »verwarzte« – Pfarrhäusl von Martinszell vor ihnen auf, in dem der alte Dorfpfarrer Dobler hauste. Schorsch verlangsamte sein Tempo, weil er an der Kreuzung Richtung Kiesburgerhof abzubiegen beabsichtigte. Schließlich wollte er Hansi zusammen mit dem Fendt und der Presse bei Agnes auf dem Hof abliefern. Aber auf der Gemeindestraße raste gerade ein großer schwarzer Mercedes mit abgedunkelten Fenstern und einem Kreuz auf dem Dach heran.

»Da, Hansi, schnell. Schau hin, der Dunk«, machte Schorsch seinen Neffen auf das Leichenauto des Totengräbers aus dem nahen Geretsried aufmerksam.
»Wo fährt der hin, Onkel Schorsch?«, fragte Hansi.
»Ah, ja, freilich«, antwortete Schorsch etwas überrascht und erinnerte sich plötzlich wieder:
»Der Dunk fährt ja zu mir, wegen dem alten Waffelbruch«, besann sich Schorsch und riss das Steuer des Traktors plötzlich herum. Der kleine Hansi wäre fast aus seinem Sitz gekippt, während der schwere Fendt mit der angehängten Last angesichts der abrupten Richtungsänderung ächzte. Schorsch beschleunigte nun das Tempo, nahm die nächste Kurve und konnte dann bereits sein Siedlungshaus sehen.

»Schau, Hansi, da is' wieder mächtig was los vor meinem … naja … vor meinem Moorbodenhäusl«, sprach Schorsch etwas belustigt und deutete auf sein Haus. Sekunden später trat Schorsch auf das Bremspedal und ließ sein Fuhrwerk langsam auf dem Randstreifen vor seinem Grundstück auslaufen. Dann gab er Hansi eine Anweisung:
»Da, dreh!«
»Wirklich, Onkel Schorsch?«, fragte Hansi überrascht zurück.
»Ja freilich, Bub, zur Feier des Tages«, antwortete Schorsch, dem es bald herausgerutscht wäre, von »Totenfeier des Tages« zu sprechen. Stattdessen schmeichelte er seinem Neffen:
»Du bist ja schließlich schon ein erfahrener Traktorfahrer, wie Dein Onkel.«
Mit Stolz geschwellter Brust drehte der kleine Hansi jetzt den grauen Zündschlüssel, um den Motor abzuschalten. Dann stiegen Schorsch und Hansi von ihrem Gefährt und gingen nach vorne. In der schmalen Grundstückseinfahrt stand der schwarze Mercedes von Totengräber Dunk. Die Heckklappe des Wagens war weit nach oben geöffnet. Davor stand ein kleines Handwägelchen, auf dem ein ziemlich ramponierter und mit vielen Dellen übersäter Blechsarg abgestellt war. Beides, Handwägelchen und Blechsarg, kannte Schorsch bereits von den Leichentransporten von Heidrun und Helma. Ein schlecht rasier-

ter Mann in einem abgewetzten dunkelgrauen Anzug und schwarzer Kappe stapfte gerade zum Hauseingang. Er zog einen grünen Leichensack lustlos hinter sich her und hinterließ damit auf dem groben Gemisch aus Riesel, Sand, Kies, Humus und Holzsplittern, das zum Hauseingang führte, eine geschwungene Schleifspur. Auch an die zwei, den schlecht rasierten Mann und den grünen Sack, konnte sich Schorsch noch gut erinnern. Gleiches galt für den Mann, der am Eingang wartete und einen etwas besseren schwarzen Anzug trug. Es handelte sich um den Chef der Totengräbertruppe: Dunk. Er stand vor dem leblosen Körper von Karl-Ferdinand Waffelbruch, der auf seinem Rücken noch immer vor dem Hauseingang lag. Dunk gestikulierte mit seinen Armen über den Leichnam hinweg auf die andere Seite, wo Lydia-Maximiliane und Karl-Wendelin Waffelbruch standen. Aufgeregt und mit heller Stimme diskutierte er gerade mit den zwei Waffelbrüchen:
»Sie können jederzeit gerne Vergleichsangebote von Mitwettbewerbern einholen, wenn Ihnen mein Preis für die Überführung zu teuer erscheint. Aber die Leiche Ihres Vaters sollten wir jetzt schleunigst vom Hauseingang wegräumen. Es eilt nämlich. Die Sonne, die Hitze, Sie verstehen?«
»Natürlich, wir akzeptieren Ihren Preis. Und selbstverständlich muss Papa jetzt sofort hier weg«, entgegnete Karl-Wendelin reichlich zerknirscht.
»Na also«, gab sich Dunk zufrieden und winkte gleich seinen Mitarbeiter herbei, der mit dem Leichensack etwas abseits stand und auf den Ausgang der Preisverhandlungen wartete:
»Dimitri! Dimitri! Herkommen! Alles klar mit dem Auftrag. Jetzt her mit dem Sack und dann gleich rein mit dem Toten. Sonst fängt sich der noch einen Sonnenstich ein und stinkt uns dann die Karre voll. Also avanti!«
Dimitri legte den geöffneten Sack parallel zum Körper von Karl-Ferdinand. Dann packte Dunk den verstorbenen Waffelbruch an den Beinen. Dimitri packte an den Armen zu und musste sich dafür nach vorne bücken. Dabei rutschte ihm allerdings seine schwarze Kappe vom Kopf, die nun über den Körper des Leichnams purzelte. Deshalb ließ er den linken Arm von Karl-Ferdinand los, um mit der freigewordenen Hand nach seiner Kappe zu greifen. Der leblose Körper kam dadurch etwas in Schieflage. Deshalb bekam jetzt auch Dunk

Probleme und ließ zuerst das rechte Bein und dann gleich darauf das linke Bein von Karl-Ferdinand aus seinen Händen gleiten. Dimitri, der den toten Karl-Ferdinand nur noch am rechten Arm hatte, fehlte jetzt das Gegengewicht und fiel nach hinten auf seinen Allerwehrtesten. Der Leichnam krachte auf den Boden und der Hinterkopf schlug gegen den gefließten Podestantritt des Hauseingangs.

»He, aufpassen, Ihr groben Leichenschänder! Der Fließenboden is' empfindlich!«, schrie Schorsch wütend nach vorne.

»Ah, Herr Kiesburger. Schön, Sie wieder mal zu sehen. Nichts passiert. Haben keinen Kratzer bekommen, Ihre Fliesen«, beschwichtigte Dunk und sprach dann leise zu Dimitri:

»Du Trottel. Nächstens nagle ich Dir die Mütze auf Deine hohle Birne.«

»Ja, Chef«, antwortete Dimitri durcheinander und stützte sich am geschundenen Kopf des alten Waffelbruch ab, um wieder aufzustehen.

»Das ist doch die Höhe! So ein pietätloser Umgang mit meinem verstorbenen Schwiegervater!«, rief nun Lydia-Maximiliane.

»Sie haben völlig Recht, gnädige Frau. Entschuldigen Sie vielmals. Aber das ausländische Personal, Sie verstehen«, antwortete Dunk beschwichtigend. Unterdessen packte Dimitri noch einmal fest zu, und zwar alleine. Schließlich wollte er seinem Chef seine Qualitäten zeigen. Dimitri schnappte sich die Beine von Karl-Ferdinand, zog die Leiche über den geöffneten Sack und fragte dann Dunk:

»So gut, Chef?«

»Ja, gut Dimitri. Sehr gut. Noch etwas nach vorne damit und genau über den Sack ziehen. Dann ablassen«, wies Dunk seinen Mitarbeiter an. Endlich klappte es. Karl-Ferdinand Waffelbruchs Leichnam passte jetzt genau in die Öffnung, die der Länge des Reißverschlusses des Sacks entsprach. Mit viel Stolz im Gesicht und übertriebener theatralischer Würde ordnete Dimitri die Extremitäten der Leiche in den Sack.

»So gut, Chef. Jetzt Du, Chef«, sprach dann Dimitri zu Dunk. Das Schließen des Sacks war schließlich Chefsache.

»Sehr, sehr schön, Dimitri. Das war jetzt wirklich Präzisionsarbeit«, lobte Dunk seinen Helfer überschwänglich. Dabei sah er auch in die Richtung der anderen Anwesenden, die ihm zustimmend zunickten. Dann beugte er sich nach unten und zog am Reißverschluss, um den Sack endgültig zu schließen. Aber der zwickte öfters, weshalb Dunk

etwas genervt einige Wortfetzen herausrutschten, die glücklicherweise nur Dimitri hören konnte:
»Klemmt mal wieder, das Scheißding. Ach, der kleine Finger von dem Alten. Wo ist denn jetzt das rotzige Taschentuch her? Noch von der letzten Leiche oder von der hier? Dimitri, hast Du den Sack nach der letzten Fuhre nicht gereinigt? Na egal, rein jetzt mit dem Rotztuch. Mist, blöder Fetzen.«
Nachdem Karl-Ferdinand verstaut war und nur noch der an der rechten Seite etwas lädierte Kopf aus dem Sack heraussah, wandte sich Dunk an die Anwesenden:
»Letzte Gelegenheit, Leute. Wollen Sie dem Toten noch was ins Gesicht sagen?«
»Nein, nicht nötig, Dunk. Mach jetzt endlich den Sack zu«, antwortete Schorsch als erster von hinten. Ihm wurde nämlich beim Anblick des Leichnams langsam schlecht. Jetzt fing er auch noch zu schwitzen an. Deshalb wollte er die ganze Sache möglichst rasch hinter sich bringen. Dunk sah unterdessen zuerst Lydia-Maximiliane und dann Karl-Wendelin an. Allerdings schüttelten beide ihre Köpfe, während sie noch einen kleinen Seufzer ausstießen. Zuletzt wandte sich Dunk an den kleinen Hansi und fragte:
»Und Du? Was ist mit Dir, mein Kleiner? Willst Du noch einen Blick riskieren?«
»Uih, ja. Darf ich?«, fragte Hansi begierig zurück.
»Natürlich gerne. Da, guck«, bestätigte Dunk. Hansi ging sofort nach vorne und trat ganz nah an den Sack heran, so dass er zu Karl-Ferdinands Kopf nur noch einen Abstand von rund 30 Zentimeter hatte. Mit großen Augen und voller Neugier musterte Hansi zunächst Karl-Ferdinands Hinterkopf, der vor einigen Minuten mit dem harten Fließenboden vor Schorschs Hauseingang Bekanntschaft gemacht hatte. Anschließend richtete sich das Interesse von Hansi auf das Gesicht des Toten. Dann lief er schnell zu Schorsch zurück und sprach leise:
»Schaut wie ein Schaferl, gell Onkel Schorsch.« Schorsch war nicht gerade zu Späßen aufgelegt. Er schwitzte noch immer und ihm war weiterhin schlecht. Aber trotzdem bückte er sich zu seinem Neffen hinunter und flüsterte:
»Naja, eher wie ein alter Bock.«
Hansi grinste. Schorsch grinste ebenfalls, aber etwas gequält. Denn ihm wurde jetzt auch noch schwindelig. Vermutlich hatte er sich

nach dem Hinunterbücken zu Hansi zu schnell wieder aufgerichtet. Allerdings blieb ihm jetzt für eine eingehende Ursachenanalyse keine Zeit. Stattdessen fuhr Schorsch erschrocken hoch, weil er von der Dorfstraße die quietschenden Reifen eines Autos hörte, das von seinem Fahrer offensichtlich hart abgebremst wurde. Jetzt hörte er eine Autotür, die vom Fahrer zugeschlagen wurde. Dann war nicht nur Schorsch, sondern auch Dunk und Hansi klar, um wen es sich handelte: Pfarrer Dobler.

»Letzte Ölung! Letzte Ölung!«, jodelte Dobler, während er schnellen Schritts das Gartentor passierte und dann keuchend vor dem Leichensack Halt machte. Dunk hatte jedoch keine Lust, dass sich die ganze Sache noch länger hinzog. Er kannte Pfarrer Dobler und dessen langatmige Zeremonien. Deshalb zog Dunk rasch den Reißverschluss zu und entgegnete Dobler:

»Rien ne va plus. Nichts geht mehr. Zu spät, Herr Pfarrer. Der Mann ist schon längst mausetot. Ende, die Klappe ist zu.«

Überraschenderweise kam ihm auch Karl-Wendelin zu Hilfe, der das Ansinnen von Pfarrer Dobler aus einem ganz anderen Blickwinkel abzuwehren versuchte:

»Mein Vater war bekennender Atheist! Wir kommen schließlich aus der ehemaligen DDR! Verstehen Sie! DDR und Atheist! Das Ölzeug können Sie sich also sparen!«

»Oh«, stockte Pfarrer Dobler plötzlich und sprach dann zu Schorsch mit vorwurfsvollem Blick:

»Kiesburger, Atheisten in Deinem Haus? Dein Haus hab' ich damals nach dem Kauf sofort mit Weihwasser eingesegnet. Und zum Dank muss ich jetzt mit ansehen, wie Dein Häusl zu einer Atheistenherberge verkommt!?«

Schorsch fühlte sich trotz seines angeschlagenen Zustands herausgefordert und entgegnete schlagfertig:

»Da kann ich doch nichts dafür. Die sind einfach gekommen, diese Atheisten aus der DDR.«

Außerdem hatte Schorsch mit Pfarrer Dobler noch ein Hühnchen zu rupfen. Schorsch hatte noch nicht vergessen, wie peinlich der Pfarrer bei Heidruns Beerdigung agiert hatte. Noch heute ärgerte er sich vor allem über den schwachsinnigen Predigtstampf, den Pfarrer Dobler und Kaplan Swulsky damals von der Kanzel herunter abgesondert hatten. Deshalb ließ sich Schorsch von dem Stechen in seiner Brust

kaum ablenken, nahm seine ganze Kraft zusammen und fuhr Pfarrer Dobler mit schmerzverzerrtem Gesicht in die Parade:
»Und genauso ... wie, wie ... wie die Atheisten aus der DDR gekommen sind, so ungerufen sind Sie jetzt gekommen, Herr Pfarrer. Praktisch kein ... kein Unterschied zwischen Ihnen und den Dings ... den Atheisten aus der DDR. Und die Segnung mit dem Dingsbums, ... dem Weihwasser, was is' das schon wert? Früher habt's fleißig die ... die ... Panzer vom Dings ... Hitler g'segnet und heut' wollt's nix mehr davon wissen.«

Trotz der stockenden Gegenrede, die Schorschs Gesundheitszustand geschuldet war: das saß! Völlig verstört und mit offenem Mund starrte Pfarrer Dobler ins Leere, während er selbst von sechs Personen in den Blick genommen wurde. Dunk, Dimitri, Hansi, Schorsch, Lydia-Maximiliane und Karl-Wendelin warteten auf eine Gegenwehr des Pfarrers. Schließlich hatten sie in der Zwischenzeit wahrgenommen, dass Schorsch ziemlich unkonzentriert und körperlich angeschlagen war. Seine Beine zitterten und im Gesicht war er kreidebleich. Eine verbale Gegenattacke des Pfarrers würde daher auf einen leicht zu bezwingenden Gegner treffen. Aber von Pfarrer Dobler kam nichts. Zu hart hatte ihn Schorschs Angriff offenbar getroffen. Für fast eine Minute herrschte vor Schorschs Haus absolute Totenstille, und das, obwohl sich mit Pfarrer Dobler und dem toten Waffelbruch nun schon acht Menschen vor dem kleinen Siedlungshaus eingefunden hatten.

Der vom heißen Wortgefecht zusätzlich geschwächte Schorsch wollte sich gerade auf Hansi stützen. Aber der ging genau in diesem Moment einen Schritt zur Seite. Schorschs zitternde Beine kapitulierten sogleich vor dem Gewicht des untersetzten Mannes. Wie ein schwerer Mehlsack krachte Schorsch auf seinen Hosenboden. Körperlich angeschlagen und in seiner Sitzhaltung leicht nach vorne gebeugt, hechelte er nach Luft und sonderte dabei reichlich Schweiß ab. Jetzt richtete sich auch noch die ganze Aufmerksamkeit der vielen Leute auf ihn. Wie auf Kommando ließen sie von Pfarrer Dobler ab und nahmen nun den vor ihnen in gekrümmter Körperhaltung sitzenden Schorsch ins Visier. Wie heiße, grelle Scheinwerfer ließen sie ihre Augen auf ihn hinunterstrahlen und hatten längst bemerkt, wie das

Schwitzwasser Schorschs Hemd von innen nach außen durchnässte. Es gab wenig, was Schorsch peinlicher fand und mehr hasste, als neugierige Blicke, die sich auf ihn richteten – insbesondere dann, wenn er nichts dagegen tun konnte, und er auch noch Schwächen oder Unzulänglichkeiten zeigte und hilflos war. So wie jetzt. Und es handelte sich ja nicht nur um ein oder zwei Augenpaare, die sich auf ihn stürzten: Selbst wenn man den neben ihm liegenden Leichnam von Karl-Ferdinand abziehen würde, so viele Menschen befanden sich zuletzt vermutlich vor vielen Jahren bei der Hochzeit von Heidrun und ihm auf dem Grundstück. Schon damals hatte der Menschenauflauf dazu geführt, dass ihm schwindelig wurde. Als Schorsch damals dann auch noch bemerkte, dass er in seinem geliehenen und etwas zu groß geratenen Anzug sowie seinen abgetragenen schwarzen Schuhen von den geladenen Hochzeitsgästen kritisch beäugt wurde, während sein Bruder Jakob neben einem neuen Anzug und frisch polierten Schuhen auch noch eine neue Armbanduhr auftrug, musste er sich notgedrungen übergeben.

Noch in Gedanken an seine Hochzeit versunken, hätte Schorsch fast die Ankunft einer weiteren Person verpasst. Denn Agnes kam gerade durch das Gartentor gelaufen, bäugte sich zu Schorsch hinunter und rief überrascht:
»Ja, Schorsch, is' Dir schlecht? Und was is' denn bei Dir los? So viele Menschen. Hast eine Versammlung einberufen?«
»Ja, ja ... schaut so aus, ... gell«, antwortete Schorsch, sammelte die in seinem Körper noch vorhandenen Kraftreserven zusammen und versuchte krampfhaft zu präzisieren:
»Da, der alte Dings, ... Waffelbruch ... im Sack. Mausetot der, der ... Plaggeist ...«, sprach Schorsch und schnappte selbst nach Atem. Weil Dunk das gequälte Gestöpsel von Schorsch nicht länger ertragen wollte, mischte sich der Totengräber ein und übernahm die weitere Vorstellung:
»Ihr Schwager scheint fix und fertig zu sein, Frau Kiesburger. Dann übernehme ich mal: Mich kennen Sie ja, Dunk, wenn Sie sich erinnern. Mit meinem Mitarbeiter bin ich hier mächtig beschäftigt. Herr Pfarrer Dobler ist auch gekommen und wurde von Ihrem Schwager gleich ziemlich abgebürstet, ha, ha, ha. Dann hier, die um den verstorbenen Senior verkleinerte Familie Waffelbruch. Und dann noch

der kleine Junge hier, das ist doch Ihr Sohn, wenn ich mich richtig erinnere,« stellte Dunkt die anwesenden Personen etwas belustigt vor.
»Freilich, so viele nette Leut'. Und dann auch noch ein Toter mittendrin hineingemischt. Hansi, da geh' her, der Anblick von so einer toten Leich' is' nix für Dich«, bemerkte Agnes etwas dümmlich und nahm ihren Sohn in ihre schützenden Arme.

Aber auch mit Agnes war die Runde noch nicht ganz vollständig. Schorschs Ohren vernahmen gerade das nahende Geräusch eines besonders schnellen Autos, das von seinem Lenker die Martinszeller Dorfstraße heraufgejagt wurde. Kein Zweifel, es handelte sich um Viehlechner, der vor Schorschs Einfahrt sogleich eine Vollbremsung hinlegte. Durch die vielen Beine der vor ihm stehenden Leute machte Schorsch hinten auf der Rückbank des Polizeiautos Doktor Zollner und vorne am Steuerrad Viehlechner aus. Schon sprang Viehlechner aus seinem Polizeiauto und hielt dann Doktor Zollner die Hintertür auf. Von dort schälte sich der Arzt langsam aus dem Rücksitz und war gerade dabei, die Hilfe von Viehlechner in höfischer Haltung anzunehmen. Gerne hätte sich Dr. Zollner am Arm des Polizisten aufgerichtet, aber der riss sich sofort los, lief der Menschenmenge entgegen und sprach gleich drauflos:
»Aha, Sie auch schon da, Dunk. Die Leiche vom alten Waffelbruch gut verstaut, Dunk, oder? Und zur Abfahrt bereit, oder?«
»Ja, wir sind eigentlich fertig und wollten gerade abdampfen«, antwortete der Totengräber.
»Gut so. Aber bitte noch nicht abdampfen. Jetzt geht's nämlich erst so richtig los«, gab Viehlechner zum Besten und zog mit seiner Bemerkung das Interesse des Publikums auf sich. Trotz seines anhaltenden Schwindelanfalls und den unangenehmen Schmerzen in seiner Brust, war natürlich auch Schorsch schon sehr gespannt auf Viehlechners Neuigkeiten. Obwohl er angesichts seiner Schwächung Mühe damit hatte, gelang es Schorsch, das Gespräch zu verfolgen:
»Was geht jetzt los?«, vernahmen Schorschs Lauscher eine Frage von Pfarrer Dobler, der sich im Gegensatz zu Schorsch inzwischen anscheinend wieder erholt hatte.

»Tja, wir haben mit dem Herrn Waffelbruch nicht nur einen Toten aus der DDR, sondern wir müssen leider auch noch zwei Vermisste beklagen«, antwortete Viehlechner.
»Wie, zwei Vermisste?«, fragte Pfarrer Dobler nach und bat um Aufklärung.
»Tja, ein gewisser Sepp Rindshofer ist seit dem Vormittag nirgends auffindbar. Nur das Auto von diesem Rindshofer konnten wir inzwischen auf dem Weg nach Schlickenried finden – ungefähr da, wo der Spindler seinen Wald hat. Von diesem Rindshofer selbst fehlt aber jede Spur. Und jetzt kommt's: Der hat heute Morgen noch 500 Euro von der Bank abgehoben«, schilderte Viehlechner den Anwesenden das Ergebnis seiner Recherchen, während sich Schorschs Zustand weiter verschlechterte. Bis auf Schorsch erntete Viehlechner für seine Bekanntmachungen große Augen, und das gefiel Viehlechner. Deshalb setzte der Polizist noch eine Vermutung hinzu:
»Die ganze Sach' schaut also fast nach einem räuberischen Gewaltverbrechen aus.«
»Was, was, Viehlechner, bei uns? Ein Gewaltverbrechen und noch dazu räuberisch, bei uns? In meiner braven Pfarrgemeinde?«, fragte Pfarrer Dobler ungläubig nach.
»Freilich, bei uns, mittendrin!«, bestätigte Viehlechner.
»Und von einem zweiten Vermissten hast Du doch auch noch gesprochen, Viehlechner, oder?«, fragte Pfarrer Dobler nach. Schorsch, der nach wie vor auf seinem Hosenboden saß und noch mehr nach Luft rang und schwitzte als zuvor, richtete seinen Blick gesenkten Hauptes zu Boden. Denn er wusste gleich, auf wen Viehlechner das Gespräch jetzt lenken würde: Brausemann. Ganz anders verhielten sich die anderen Anwesenden. Mit Spannung hingen sie an Viehlechners Lippen, der die ihm entgegengebrachte Aufmerksamkeit sichtlich genoss. Als es um ihn herum mucksmäuschenstill war, legte er los:
»Tja, Leut'. Ein gewisser August Brausemann, ein Staatsanwalt aus Braunschweig, geht uns auch noch ab. Und zwar schon seit gestern Abend – wenn Du, Agnes, bei Deiner Aussage von heute Morgen bleibst«, sprach Viehlechner; und Agnes entgegnete:
»Freilich. Ich bleib' dabei. Seit gestern Abend geht der ab.«
Zufrieden setzte Viehlechner nach Agnes' Aussage deshalb mit seinem Bericht fort:

»Also, ratziputz verschwunden, wie vom Boden verschluckt, der gute Mann. Ob es eine Verbindung zwischen dem Verschwinden von diesem Rindshofer und diesem Brausemann gibt, müssen jetzt unsere eingehenden kriminalistischen Nachforschungen zeigen.«
»Ah, geh, Viehlechner«, sprach daraufhin Pfarrer Dobler und warf weiter ein:
»Du bist doch nur ein einfacher Dorfpolizist und kommst uns jetzt mit eingehenden kriminalistischen Nachforschungen. Mach Dich doch nicht so wichtig. Vielleicht haben sich die Männer nur verlaufen. Es handelt sich ja wohl um keine Einheimischen.«
Mit seiner Bemerkung griff Pfarrer Dobler allerdings zu kurz und forderte Viehlechner heraus:
»Genau so, wie ich ein Dorfpolizist bin, sind Sie ein Dorfpfarrer, Herr Pfarrer Dobler. Aber so wie Sie einen Bischof über sich hab'n, hab' ich die Kriminaldirektion in München über mir. Versteh'n Sie, nicht nur die Polizeistation in Geretsried, sondern die Kriminaldirektion in München!«
»Ja und?«, fragte Dobler.
»Und? Fragen Sie? Ich hab' in München angerufen und den Kriminaldirektor Dr. Falterer gebeten, dass er mir Verstärkung schickt. Der hat gleich zugesagt. Er schickt den Kriminalhauptkommissar von Ellbach-Rübenspitz. Der hat vor einiger Zeit bereits den Fall im Heulager auf dem Kiesburgerhof aufgeklärt. Gell Schorsch, Du erinnerst Dich bestimmt noch«, wandte sich Viehlechner nun an Schorsch. Aber Schorsch war unfähig zu antworten. Stattdessen starrte er immer noch auf den Weg vor seinem Haus, auf den vorher Dimitri mit dem Leichensack so schön auf- und abgewedelt hatte. Weil Schorsch keine Antwort gab, richteten sich Viehlechners Blicke auf Agnes:
»Gell Agnes, Du erinnerst Dich noch an den adeligen von Ellbach-Rübenspitz, wie der alles aufgeklärt hat. Schließlich hast Du dabei Deinen lieben Ehemann verloren, gell?«
Agnes war es ziemlich unangenehm, wie sie der Polizist jetzt so fragend ansah. Schließlich kannte sie die Wahrheit, die im krassen Gegensatz zu dem stand, was der adelige Kriminalidiot aus München damals »aufgeklärt« hatte. Und von einem »lieben Ehemann« konnte sowieso nicht die Rede sein. Außerdem befürchtete sie, dass sie sich womöglich verplappern würde, wenn das Gespräch auf ihren verstorbenen Ehemann oder die damals gleichfalls ums Leben gekomme-

Frau Dr. Pohl käme. Jakob, den geilen und untreuen Bauernstier, weinte sie jedenfalls keine Träne nach. Gleiches galt für die mollige Staatsanwältin Dr. Pohl, die nicht minder geile Juristenringelnatter. Deshalb zündete Agnes nur einige Nebelkerzen:
»Naja, damals ... is' schon lange her. Inzwischen is' so viel passiert. Kann mich kaum noch erinnern. Da liegt schon so viel Staub drüber. Lassen wir die Toten in Frieden ruh'n, Viehlechner.«
»Ja, Agnes, hast wahrscheinlich Recht. Schließlich wollen wir vor allem Deinen kleinen Hansi damit nicht aufwühlen«, lenkte der Dorfpolizist ein. Hansi hätte allerdings nichts dagegen gehabt, wenn die Geschichte noch einmal aufgewärmt worden wäre. Schließlich war er damals die Hauptperson, nämlich der Lenker des totbringenden Traktors, an dessen Frontgabel die blutüberströmten Leichen hingen. Deshalb meldete er sich:
»Mir is' egal. Ich vertrag' die G'schicht leicht. Macht mir überhaupt nix aus.«
»Du, Hansi, Du bist jetzt auf der Stelle still, wenn die Erwachsenen reden. Außerdem gibt's jetzt für den Herrn Viehlechner was wichtigeres, als den alten Schmarrn!«, rief Agnes ihren Sohn zur Ruhe.
»Genau, meine Damen und Herren«, sprach Viehlechner mit wichtiger Miene in die Runde, schwenkte seine Polizeimütze hin und her und lenkte damit die Aufmerksamkeit wieder auf sich:
»Also aufpassen und herhören Leut': Der Herr Hauptkommissar von Ellbach-Rübenspitz aus München wird mit seiner Mannschaft und der angeforderten Spürhundestaffel hoffentlich noch heute Abend, spätestens aber morgen in der Früh, eintreffen«, gab Viehlechner der Runde bekannt und verschaffte der Polizeiaktion noch zusätzlichen Nachdruck:
»Schließlich handelt es sich bei einem der vermissten Personen um einen Staatsanwalt, ich betone, einen Staatsanwalt! Und zwar einen Staatsanwalt, der in Braunschweig in einem besonders schweren Fall von Drogendealerei der italienischen Mafia ermittelt hat.«
»Und dann ...«, wollte Viehlechner schon ansetzen, aber unterbrach jetzt abrupt seine Rede. Denn sein Blick fiel auf Schorsch, der gerade aus seiner Sitzhaltung nach hinten kippte und mit dem Kopf auf den gefließten Boden des Eingangspodests aufschlug – genau auf der Stelle, die zuvor bereits Karl-Ferdinands Hinterkopf eine klaffende Wunde beschert hatte:

»Kiesburger?! He, Schorsch, was is' los mit Dir?!«, rief Viehlechner zu Schorsch hinunter.
Schorsch konnte zwar die Stimme des Polizisten hören, aber er war nicht im Stande, zu antworten. Vor seinen Augen verschwammen langsam die Konturen der besorgten Menschen um ihn herum. Nur die sich entwickelnde Geräuschkulisse und die vielstimmigen Zwischenrufe einzelner Personen konnte er noch deutlich vernehmen:
»Kiesburger!? Schorsch!? Schorsch!?«, rief jetzt noch einmal Viehlechner. Dann mischte sich Agnes ein:
»Schorsch!? Schorsch!? Was is' mit Dir!?«
Jetzt sprang auch noch Dr. Zollner nach vorne und bückte sich über Schorsch:
»Schorsch!? Schorsch!? Nicht wegkippen!«, schrie der Arzt und gab dann Viehlechner eine Anweisung:
»He, Viehlechner, schnell! Lauf' sofort zum Auto. In meinem Arzttascherl müsst' noch eine Ladung für eine Aufbauspritz'n sein. In der türkisen Verpackung. Her damit, aber schnell!«
Als Schorsch »türkise Verpackung« hörte, wollte er noch dazwischen fahren. Aber so sehr er sich auch mühte, er brachte keinen Ton heraus. Stattdessen richtete sich vor Schorschs geistigem Auge der alte Karl-Ferdinand Waffelbruch auf, den Dr. Zollners türkise oder besser gesagt rot-blaue Aufbauspritze vor wenig Stunden so unheilvoll ins Jenseits befördert hatte.

»Danke, Viehlechner«, sprach Dr. Zollner, als ihm der Polizist das spitzige Gerät eine halbe Minute später reichte. Schorsch mobilisierte jetzt seine ganzen Kraftreserven und richtete an jede einzelne Faser seiner arg verfetteten Muskeln einen letzten eindringlichen Befehl, um sich gegen die ärztliche Injektion zu stemmen. Aber das klägliche Ergebnis der beabsichtigten Muskel- und Kräftebündelung bestand nur darin, dass er einen ordentlichen Furz fahren ließ. Dann wurde Schorsch schwarz vor Augen.

»Schorsch, Schorsch!«, riefen Agnes und Viehlechner im Chor. Und der kleine Hansi fragte an die Adresse von Dr. Zollner:
»Is' der Onkel Schorsch jetzt tot?«